家の哲学

家空間と幸福

エマヌエーレ・コッチャ［著］　松葉類［訳］

keiso shobo

家の哲学

——家空間と幸福

娘に

目次

凡例

・（　）は原文の通り。
・〔　〕は訳者による補足。
・原著のイタリックによる強調には、傍点を付した。
・注はすべて訳者による訳注である。

序論　都市の彼方の家

哲学はつねに、都市と特権的な関係を結んできた。都市でこそ、哲学は生まれ、話すことを学び、都市の壁のなかでこそ、哲学はつねにみずからの歴史と未来を思い描いてきた。哲学が語るのは、道、市場、集会、崇拝の場、権力の宮殿についてである。その物語は、小説というよりも、さまざまな国や大陸の都市を巡りわたることで、秘教的でエリート主義的な知を得る「グランド・ツアー」[1]の広大な地図に似ている。

哲学が思い描く自伝にとって、とりわけ特別な場所がクロトンである。いまのカラブリア州にあたるマグナ＝グラエキアの都市で、紀元前五三七年にピタゴラスが〈教団〉を立ち上げた場所だ——いわばそこで、哲学はいまだにきちんと翻訳されたことのない、「哲学」という皮

1　近代において、イギリスの貴族の子息が、見聞を広めるために行った世界旅行のこと。グラン・ツーリスモとも。

肉な名を見出した。当時の言語で「哲学」は、知への意志と、「専門家」とみられるのを拒む人々のディレッタンティズム宣言とのあいだにある何かを指していた。この地図のそう遠くないところには、アテネが見つかる。紀元前三八七年にプラトンがアカデメイアを、紀元前三三五年にアリストテレスがリュケイオンを立ち上げた場所だ——そこで、哲学は決定的に都市に捧げられていたし、都市の思考であった。クロトンでの哲学が、他の人々と異なる生き方を選んだ個人たちの共同体における、生活規範を指しているのだとすれば、アテネでの哲学は、あらゆる人間が互いに結びつく関係の、質量的形相となることを求めたかのようだ。シラクサでは、哲学は権力をもつことの誘惑に屈し、みずから最高権力者となったように思われる。つまり、人々の行為と意見を統べる法、あらゆる真理を含む法の源泉となった。この真理とは、権利上、都市によって承認され、陶冶されるものだ。ローマでは、哲学がみずから「生ける正義（レクス・アニマタ）」となろうとする欲望は、思想を権利と法とに同一視するまでに先鋭化した。この地図につづいて記載されている都市であるパリでは、哲学は教育の対象となり、フランクフルトでは、哲学は街が自己同一性を獲得することを妨げる異論の力となることを学んだのである。

哲学が形成され、生きた街のリストには終わりがない。わたしたちが疑いうるのとは反対に、この想像上の地理学は、「西洋」またはヨーロッパに限定されたものではない。たとえばアレクサンドリアでは、哲学はヘブライの文化や宗教と出会い、その精神はとりわけフィロンの著作を介して哲学と交じりあうとみられている。彼の著作は、今日でもいまだにそうなのだが、神性について語る仕方にとって決定的な重要性をもっていたはずである。現在のアルジェリアのアナバであるヒッポでは、哲学は一人称で語ること、「わたし」と言うことを学んだ。人間の日常生活に完全に受肉することを学んだのである——というのも、アウグスティヌスが『告白』を書いたのは、この街においてなのだ。バグダッドでは、哲学は多様な文化の出会いの場と考えられた。そこでは、八三二年以降、カリフのハールーン・アッ＝ラシードの個人的な蔵書が、哲学者、天文学者、数学者、そして智者の出会いへと、あるいはさまざまな言語、文化、そして宗教の対話へとつながる「知恵の館」に変様した。

哲学のこの都会的伝記に含まれるのは、大都市や帝都だけではない。哲学はたびたび郊外や周辺地域に居を構える必要があった。その歴史において最も濃密な、感動的な多くの論考は、最も地味な都市のなかで書かれた。スピノザの『エチカ』は、ラ・エーとその周辺地域にあるフォールブルフで著されたし、ヘーゲルの『精神現象学』は、イエナの小さな街で著された。イエナは、ドイツ・ロマン主義の主要人物、すなわちシュレーゲル兄弟、ノヴァーリス、ルートヴィヒ・ティーク、クレメンス・ブレンターノらが暮らした街だ。これらの街は哲学の身体に消えない署名を残しているようだ。街は思想から、各々の哲学の雰囲気、光、実存を伝達し調和させうる唯一無二のヒエログリフを作り出すかのようだ。

しかしこの広大なジオラマは、何かを隠している――あるいは忘れたふりをしていると言ったほうがよかろう。アテネやローマ、バグダッドやアレクサンドリアは、陶酔と幻覚を引き起こす舞台装置にすぎない。それは他の舞台よりも巨大で確固たるものだが、そこで一貫して上演されるのは壮大な影絵芝居である。都市が哲学の誕生の劇場であろうがなかろうが、世界のあらゆる都市とは、屋外にある壮大な舞台や装置でしかない。都市によってわたしたちは自分が別のところにいると想像し、実際に自分がいる場所を隠すことができる。わたしたちはみな知らないふりをしているが、都市そのものに住んでいる人などいないのだ。都市は文字通り居住不可能だから、誰も住むことができない。わたしたちは都市において限りなく時間を過ごし、恐怖あるいは崇高の瞬間を生きることができる。わたしたちは都市において働いたり、店をはしごしたり、道やパッサージュの迷宮にまよいこんだり、劇場や映画館にとじこもったり、バーのテラス席に座ったり、レストランで食事したり、スタジアムで走ったり、プールで泳いだりできる。それでも、わたしたちが家に帰らないといけない瞬間はやってくる。わたしたちがこの惑星に住まうのはいつも家によってであり、家のなかでだからだ。その形態はさまざまだ――ホテルやアパート、ソファーつきの部屋、あるいは摩天楼かもしれない。衣装たんすのなかのように乱雑かもしれないし、家畜小屋のように貧しいかもしれないし、王宮のように豪華かもしれない。石造りかもしれないし、毛皮で作られているかもしれないし、持ち運びできるように折りたためるかもしれない。しかし、それがどのような形態であろうとも、街なか、あるいは街の背後で、わたしたちが生きることができるのはいつも家によってである。都会の空間と一致し、媒介なしに住みつくことで生きようとすれば、死という運命が待っている。真の、そして絶対的な唯一の都会人とは、ホームレスや浮浪者といった傷つきやすい生活者であって、こうした人々は、定義上、死にさらされているのである。

わたしたちが街に存在するのは、つねに家を介してでしかない。わたしがかつてパリ、ベルリン、東京、ニューヨークのどこであっても住まうことができたのは、いつも寝室、台所、椅子、仕事部屋、戸棚、浴槽、空調のおかげにほかならない。

問われているのは、空間的な事柄ではない。住まうこととは、何かに囲まれていることでもなければ、地上の空間のある一部を占拠することでもない。それは、わたしたちが自分の幸福や呼吸と切り離せないくらいにまで濃密な関係を、事物や人々と織りなすことを意味している。家はわたしたちが存在する仕方を変え、その魔術的な回路にとりこまれた者をみな変えてしまう、濃密さなのだ。建築学や生物学は、そこにほとんど含まれない。わたしたちが家を建てるのはかならずしも、悪天候から身を護るためではないし、空間を家系図や美的な好みに一致させるためでもない。あらゆる家は純粋に道徳的な実在なのだ。わたしたちが家を建てるのは、世界の一部——物、人、動物、植物、大気、出来事、イメージ、思い出——を親密なやり方で迎え入れるためであり、そのことによってわたしたちの幸福そのものが可能となるのである。
他方、家を建てるという行為（プラクシス）が存在することによって、次のことが明らかになる。つまり道徳は、わたしたちの心理的態度にかかわる教訓を集めたものや、よい感情や心がけの規律、ましてや、一種のメンタルヘルスに還元されるわけではない。道徳とは、物や人にかかわる物質的秩序であり、事物、情動、わたしたち自身、他者たちを混ぜあわせて、最も広い意味でわたしたちがケアと呼ぶものの空間的な最小単位をつくるエコノミーである。つまり、家庭（フォワイエ）である。幸福とは感情ではないし、たんに主観的な経験でもない。それは恣意的で短期的な調和であり、心理的で精神的な親密性へと、物や人を一時的に取りこむのである。

しかし、家についての哲学の前例はあまりない。哲学は何世紀にもわたって男性的同一性に結びつけられてきた夢想、つまり、社会において際立つこと、都市において権力と影響力をもつことの夢想に酔わされてきたので、じつは世界のいかなる都市よりも哲学と結びついている家空間を忘れてきたのである。したがってオイコノミアについて、つまり家（オイコス）の秩序と統治についてのギリシャの偉大な諸論考――その影響力は比類ないものであった――以降、哲学は家空間を自分の仕事ではないと考えてきた。この見過ごしは、けっして罪がないとはいえない。このことによって、家は、偏見、抑圧、不正義、不平等が、無意識かつ機械的に、何世紀にもわたって隠蔽され、忘却され、再生産される空間となったのである。たとえば、性の不平等が生み出され、肯定され、正当化されてきたのは、まさに家においてなのだ。人間／ノンヒューマン、都市／森、「文明」／野生というラディカルな対立が打ち立てられ、強められてきたのは、まさに近代的な家――ごく少数の例外を除いて、人間しかとどまることができない空間――をつうじてである。

哲学にとって、家を忘れることとは、みずからを忘れるための手段である。実際には、この隠された舞台装置は、惑星とその歴史をはぐくんできた大部分の観念の保育器（インキュベーター）であった。肉体が言葉となったのは、この可変的な空間においてであり、一つの街が内包する空間とはけっして同質ではない空間においてである。

哲学にとって、家を忘れることとは、みずからを不幸にすること、つまり幸福を都市と政治とに従わせることで、思考不可能なものにしてしまうことを意味する。哲学は、家を家系図と財産という力に任せてしまうことで無理やり切り縮め、家を解剖学的な身体と混同し、幸福のしるしをもつすべてを壁のなかから都市へと追い出してしまった。幸福が実体をもたない影絵となったとすれば、その理由は、家の敷地――そのなかにはもはや幸福のための場所はない――から切り出されたことで、幸福が政治的な事柄となり、都会にしかない存在であると偽ってきたからだ。反対に、近代的な街とは、もはや自分の家で作り出すことができない自由と幸福とを生み出すために、家の秩序に逆らって建築されたちぐはぐな場所、技術、装置の総体であり、たぐいまれな発明にほかならない。街の労働、消費、教育、文化あるいは娯楽をつうじて、わたしたちは自然に、よく考えないまま、この奇妙な見て見ぬふりの状態をやりすごすようになったのである。それだから、家のなかでは何も変化は起きない。なぜなら家は、誤って「生物学的」とされる秩序や、「生きるために」妥協しえない必要性の下に服従していたからだ。わたしたちが住まいのドアを閉めるやいなや、それまでとは――少なくとも書面上は――まったく異なる世界が始まった。学校、映画館、劇場、レストラン、バー、美術館、ディスコ、商店、講演、道路、さらには国会、教会、シナゴーグ、モスク――世界は、家の外でこそ、現実に経験されてきた。諸々の顔や物が棲みついてきたのは家の外である。閉鎖空間である部屋や台所のなかに含めるには強すぎ、大きすぎるあらゆる観念が棲みついてきたのは、家の外なのである。

プラトンからホッブズ、ルソーからロールズまで至ると、近代的な街は彼らにとって、哲学による壮大な物体消失マジックとなった。集合的な自由と幻想によって作り出された、本当の意味での哲学的だまし絵であり、屋外で見る白昼夢であった。その主な役割は、家を忘れさせ、家をできるかぎり物置――そのなかに物を入れておき、それのことを忘れても罪悪感をもたない場――の状態へと還元してしまうことにある。

この仕事をしていたのはけっして哲学だけではない。家は、理論的な仕方で、見て見ぬふりの対象になっていた。時とともに、家は自分の意志で、奇妙な機械へと変様したかのように事が運んだ。つまり家は、公に話すことのできないものや、わたしたちが忘れるべきものを収集する奇妙な機械となったのである。何世紀ものあいだ、家は「残りもの」であった。つまり家は、見世物が終幕したあとの、他者たちと共有できないものの総体でありつづけたのである。

家は、家がその体を構成する街とは異なり、その場所の歴史を公に共有することはまれである。ごくわずかな例外を除けば、ある場所に住んでいたのは誰か、数十年にわたっていかに整備されてきたか、そこを舞台として上演されてきた出来事は何かについて、はっきりと知ることはできない。そしてそこにはそうした記憶があるのだが、街の記憶のように共有されることがけっしてない。住居は、そのほとんどすべてが、公には匿名の装置でありつづける。つまり住居は、時を超えて残りうる名前を奪われ、地誌的な配置によって——住所や、定義上、入れ替え可能でなければならない表札をつうじて——のみ認識されうるのである。このことがいかに奇妙かに気づくには、家とどこかの都市を比較しさえすればよい。わたしたちがもし、ヴェニス、マルセイユ、北京、ダカールと呼ばずに、緯度と経度を用いたり、五年や十年ごとに変えるよう定められたラベルを用いる場合、わたしたちは街をどのように考えればよいだろう。それはあたかも家が、まっさらな記憶とともにまたべつの歴史を始めるために、時間のなかでは認識されないこと、歴史を焼き払うことを求めているかのようだ。家は、生の痕跡を消してしまうことができる機械のようだ。家で過ごす時間は、歴史として蓄積することができないかのようだ。家で過ごす時間は、意識が、夢を見る前や夢のなかで生じた出来事をひとつも思い出すことなく目を覚ますことの繰り返しにすぎないかのようだ。

しかしここ数十年において、この周縁化と忘却のメカニズムは崩れた。産業によって想像され、生産され、消費された大量の物のおかげで、かつてないほど人間は家空間に住まうようになった。テレビという発明は公的な空間を住居のなかへ持ち込むことで、都会の生活と家の生活との境界線に風穴をあけた。それにつづいて、ソーシャル・ネットワークは地理的な錨から解放された、ポータブルな公的空間を創り出した。それは、わたしたちのアパートのイメージで、それに似せて造形されたものだ。

この都市による侵略とその影響（スペクトル）は、住まうことの様相とリズムをラディカルに変えてしまった。しかしいまだに、その構造をラディカルに変形することはできていない。わたしたちは、自分の幸せを発明し、発見するために家の外に出ようとすることで、見ず知らずの人々の夢の虜になりつづけているかのようだ。わたしたちは浴室、台所、廊下、寝室で、人生の少なくとも半分を過ごすが、この類型にしたがう家の機能的な分割そのものは、もはや何世紀も前にこの惑星のうえから去った、数多の「わたし」の投影にすぎない。現代的な家は、プラトンのいう洞窟[2]のようなものであり、考古学的な人類の道徳的な廃墟である。そして、わたしたちが新たに世界を、わたしたちに共通で、共有された幸福が存在しうる空間とすることができるとすれば、それは自分の経験に形式と内容を与えるやり方に革命をもたらすことによってにほかならない。

近代において哲学は、都市にすべてを位置づけた。しかし、わたしたちの惑星の未来は家のなかにしか存在しえないのだ。わたしたちは家を考えなければならない。というのも、わたしたちは、この惑星から本当の、本来の住まいを作ること、あるいは、わたしたちの住居から真の惑星、つまりみなを迎え入れることのできる空間を作るよう強いられながら暮らしているからだ。都市をグローバル化しようという近代の計画は、わたしたちのアパートを開放して地球と一致させるという計画に置き換わったのだ。

2　プラトンが『国家』において用いた比喩。それによれば、日常生活においてわたしたちが目にするものとは、背後に燃える火の光によって洞窟の壁にうつった影のようなものにすぎない。洞窟の外には真の実在（イデア）が存在するが、それでもなおわたしたちは影の方を真実だと思い込んでしまう。プラトン『国家』藤沢令夫訳、岩波書店、一九七九年。

1 引っ越し

引っ越しはあらゆるところで行われており、居間を箱、ガムテープ、そして不安で満ちた迷宮に変えてしまう。わたしはずっとダンボール箱が嫌いだった――その色はあらゆる欲望をかき消してしまう。わたしが一つめのダンボールに取りかかっていると、混濁した思い出が押し寄せ、いつしか身動きがとれなくなっているのに気づいた――このふるまいを何度繰り返してきたのだろうか。わたしは、はたと手を止めて数えてみようと、これまでの引っ越しを思い出してみた。三〇回だった。

わたしは作業をつづけることができなかった。それは七月のことで、わたしはパリに三年暮らしていた。「荷造り」のために二日も骨を折っていた。四八時間で、八〇のダンボールを買い、組み立て、そこにわたしの生活を――衣類、食器、本、写真、思い出を――閉じ込め、一台のバンを借りてそれらを積み込み、新しいアパートに荷を下ろし、ほとんど知らない場所で生活を再開するところだった。当時のパートナーと暮らすために、引っ越しをしていたのだ。

わたしたちには娘が生まれようとしていた。街の南にアパートを又借りした。その部屋はバークレーで教えるために旅立った女友達のものだった。わたしたちは落ち着いて「わたしたちの家」を探す時間をとろうとしていた。わたしたちは、すべてを――壁、物、さらには感情や心情を――ともにそうあってほしいと望むままに入れる空間を、創り出す時間をとろうとしていた。引っ越しは、世俗的で日常的な、神話のいう最後の審判にあたる。罪ある者は選ばれし者と区別され、完全にくっきりと引かれた境界線は、過去と現在とを分かち、苦痛と幸福とを区別する境界線と一致する。それは移行とメタモルフォーゼの儀式なのだ。

わたしたちはその仮の部屋に四か月とどまり、滞在期限の二週間前にパリの東に家を見つけた。そこは、首都に暮らす芸術家、デザイナー、若い夫婦が住むところだった。空間には比較的余裕があり、公園は緑にあふれ、そこでの暮らしは地方の村に似ていた。

そのモントルイユに一年足らず暮らしたあとで、アメリカへの招待を受け、ニューヨークへと旅立った。九か月のあいだ、わたしたちは、わたしが働いていた大学からすぐそばの、アッパーウエストサイドの小さなアパートに住んだ。それは典型的なニューヨークの建物の一つで、巨大な窓口のうしろで、昼も夜も、守衛が入口を見張っていた。わたしの娘、コレットが歩き出したのはそこでだった。そこに着いたときには数個の荷物しかもっていなかったが、そこを出るころには数十個のダンボールを、大西洋の反対側まで発送しなければならなかった。その年の大部分はまた別の旅暮らしだった。

ふたたびヨーロッパに帰ると、わたしたちはパリに前と同じアパートを見つけたが、またしても短い期間だった。その年の終わりに、パートナーはわたしのもとを去った。わたしは新たに、生活と不安とをダンボールの直方体のなかに詰め込み、住むところを探し、よそへ移ることになった。

それも最後の引っ越しではなかった。長いあいだ、わたしは平均して一年に一回住むところを変えながら暮らした。例外はあるものの、同じ街にいることはまれだった。住みかえる場所は、それぞれ何千キロも離れた異国であることが多かった。だから引っ越しは、持ち物をほとんどすべて手放さなければいけないことを意味していた。それは家具だけに限られない。

最後に引っ越したのは一年半前だ。わたしのアパートはサン＝ジェルマン教会のすぐそばにある、一七世紀の建物の上階だった。外から見ると、それは内側へと危険なかたちで傾いていた。同時代に街に散在していた特徴的な邸宅とはちがってまったく絢爛なものではなく、築年数にふさわしい見た目をしていた。中庭に面した壁の一面を――ツタに覆われた壁のそばで――飾っていた浅浮彫は、雨と汚染によって削られ、色落ちしていた。この中庭からアパートへとつづく壁沿いの階段もあり、そこでもやはり壁は時間の経過を示していた。誰もそれらにわざわざ触れようとはしない。建物にはしわが寄っているか、さもなくばほくろが目立っていた。わたしがこれほど自分が暮らす場所を好きになったのは初めてだった。

こうして愛してはいるが、多分わたしは永住しないだろう。あるいは、またすぐに（倉庫に一五〇も眠っている）ダンボール箱の前に行かねばならないことの不安を除けば、わたしは新たに引っ越しをすることを恐れない。

長年にわたって、三〇以上の家の扉を開けては閉め、開けては閉めてきた。いま考えてみれば、わたしはそれぞれの家同士を近づけて想像しようとしたことはない。けっして同時に成立しない、いくつもの世界によって構成された都市の一つの地区を構想するようなものだ。その家々のなかにいるわたしたちの顔は、もう判別できないだろう――現実のわたしの生活とその「わたしたち」のあいだに、共有する何かを感じるのもやはり難しい。

三〇組の壁は、わたしが自分のものと考えるもの――法律用語での所有物という意味ではなく――を、いつも受け入れ、守り、育んできた。この「わたしのもの」というのは、法廷でそのように認められうる所有物と同じ関係でわたしの人格に結びついているのではない。それは物だけではない。とりわけ重要なのは、思い出、感覚、経験、そしてとくに他者たちの生である。それらはわたしが所有しているのではけっしてないけれど、わたしのものだった。

三〇の家はなにより、わたしの代わりに「わたし」と言う、多様な形態と次元をもつ空間だった。しかし、どの家もうまくそれを発音することはできなかった――わたしがそこに自分自身の声を聴くことはできなかった。どの家も、何か月あるいは何年かのあいだはわたしの自宅だったが、どの家にいても、わたしがわたしの家にいると決定的に考えたことはなかった。それはまるで、他の人ならすぐに完璧にこなすことができる動き――ドアを開けて入り、そこから出ることがない――を、吐き気がするほど繰り返すという刑に処されているかのようだ。しかしこの繰り返しによってこそ、わたしは家という理念（イデア）の扉を開けることができた。ある場所を家となすすべてのものを研究するようにわたしに強いたのは、そして、わたしにその財産目録を作らせたのは、まさしくこの意図せぬ、家についての移り気なのだ。それらの特徴は、建築またはデザインとはほぼ関係がない。家とはとりわけ、道徳的実在である――家は心理的かつ物質的な人工物（アーティファクト）であり、それによってわたしたちは、自然にそうありうるよりもうまく世界内に存在することができる。こうした理由で、家の理論は道徳論の前提をなし、それを補完するものである。それは、諸々の知と物語を繋ぎあわせた総体であり、それによってわたしたちは、いかにして他者たちといまここで幸福でありうるかを理解することができる。家は、わたしたちの幸福と世界の重なりあいを描く下書きである。けっして決定的ではないにせよ、最初の下書きなのだ。家という場において、あらゆる道徳は意志や性格、正義や幸福、行為や徳だけを扱うことができず、最もつまらない物質的な次元にも世界があると認めなければならないのだ。幸福と正義の理論は必然的に、世界、事物、物質を情念によって変様させる理論とならなければならない。わたしたち自身である生は、幸福であるためにみずからを取り囲むものを操作し、変形させる必要がある——わたしたちは、世界を知り、内的な規則を尊重することでは事足りない。学問、法では事足りないのだ。「家」は、自己と惑星のあいだの合致を実現させるための、技術の集合体の名にすぎない。それは、精神(プシュケー)と物質、霊魂と世界を一時的に一致させる、宇宙の折り目の名なのだ。

わたしは引っ越すことで、このことを学んだ。引っ越しが家をつくるということはもはや自明であろう。それはきわめて当たり前の理由からだ——わたしたちは、後になって愛したり住んだりすることになる家に出会ったときには、つねによそ者だったという理由だ。わたしたちはつねに外から家に入ってきた。わたしたちは自分の幸福の前でも、そしてその前でこそよそ者なのだ——幸福がわたしたちのなかにあると考えるのはまやかしだ。もし幸福がわたしたちのなかにあるのだとしたら、わたしたちは生活を営み、経験をなし、他者たちに出会い、他者たちの生に親密な仕方で混じりあい、事物に近づきすぎてそれに毒されたりする必要がないことになる。わたしたちの幸福には自然なものがない。反対に、幸福であろうとすることにおいてこそ、これらの自己の操作の行為や、文化と呼ばれる洗練の行為が始まるのだ。といっても、幸福が文化的で人工的な何かとなるために、わたしたちは自宅から出て都会——政治的領域——へと行く必要はない。道徳、つまりは幸福によってこそ、わたしたちは文化的存在になる。

生は、わたしたちが最初からもっているものより大きな完成へと達するために、自分とそれを取り囲むものとの変様へとかかわっていく。わたしたちは誰もがよそ者であるけれど、つねに家をつくる——幸福のかたちを建てることができるのである。

引っ越しは第一のモーメント、つまり選択のモーメントである。わたしたちは家が住人より前に存在し、扉を開けて待っているところを想像する。けれども、この壁、天井、キャビネット、ベッド、テーブル、そして衣類の集合は、わたしたちが無意識にであれ、あらゆる規則を知っているような非常に長くて奇妙な儀式の後に、はじめて家となる。あらゆる家は、なによりまず、選択という行為によって生まれる。選択とは、物、人間、壁というばらばらで互いに両立しないものの総体を選び、特権的な場所——わたしたちの世界——に変様させる、一連の行為だ。それは、大部分の時間をそこで過ごしはしないにせよ、わたしたちが毎日戻る場所であり、帰ってくるところなのだ。わたしたちをある空間、物の総体、生きもののグループに本質的に結びつけるものはなにもないのだから、それは恣意的な選択である。わたしたちの父や母にしたってそうだ。彼らとともに家で暮らすには、多くの精神的で物質的な仕事が——限りなくつづく工夫が——つねに必要でありつづける。

じつは、選択するだけではだめで、順応すること、つまりよそ者であるわたしたちが現地人へと変様するというもっと長いプロセスが必要である。それは同様に、多くのさまざまな人々と歴史が、わたしたちの歴史、過去、そしてとりわけ未来を語りうるために必要となる、さらに骨の折れるプロセスである。引っ越しによって、家は存在しないということが実証される。存在するのは、家づくりであり、物と人とが互いを飼いならすこと〔家化すること〕という、とても長期にわたる駆け引きである。家は、わたしたちが暮らす世界に適応するためにわたしたち自身を飼いならすことにほかならないし、それは反対に、わたしたちの身体構造やイメージと、混同されかねないほどわたしたちがまとう一つの衣服、衣装のようになるまで、世界を飼いならすことにほかならない。

わたしたちを、自分を取り囲むものと本質的に合致する何かへと変様させるこの能力、そして反対に、わたしたちと異なるものを、自分と引き離せない何かへと変様させる能力は、おそらくわたしたちの生を特徴づける力のうちで最も秘められたものだ。それは、わたしたちが人間であるという事実に由来するものではない。あらゆる生きものがその能力を使うことができるし、おそらく問われているのは、わたしたちが生と呼ぶもののうちで最も基本的な力にほかならない。それはわたしたちが最初に息をしたときから始まっている。わたしたちの母の胎内とくらべると、世界は新たな家であり、わたしたちは世界を少しずつ自分のものにしなければならない。そしてわたしたちは、本質的にわたしたちの身体、誕生とともに構成を変化させるこの身体を通して、自分を世界に順応させなければならない。

古代のストア派の哲学はこれをオイケオイシスと呼ぶことを提案した。これは、（自分のものにすることであり、かつ何かに適応することという二つの意味における）所有、（自分に似たものに変えることであり、かつ自分を他者に似たものに変えることという二つの意味における）同化、そして飼いならしを意味する優れた語である。ストア派の書くところによれば、生きものの第一の衝動とは、自分自身の身体と意識を気にかけ、それらを何か親密なものにすることである。眼を開き、呼吸を始め、体を動かす。そうして、わたしたちは自分との親密さを構築する。みずからを自分自身に順応させる。わたしたちは絶えずそれを行い、時とともに、つねにもっと重要な世界の断片について問うようになる。家とは、産まれて呼吸し、眼を開いたときに始めたことを、拡張、増大したものにすぎない。わたしたちは親密さを構築し、自分を近しいものと同化し、愛するものを自分の皮膚となるほど愛し、磨き上げる。それを「構築」と呼ばなければならないのは、親密さとは、自分自身に対して抱くものも含めて、一つの事実ではなく人工物だからだ。しかし、親密さは逆説的な人工物である。なぜならそれは、自分自身の消失を生み出す傾向をもつからだ。親密さとはまさしくこの、自然／人工とを区別することの不可能性であり、長年連れ添ってきたもののなかに、絶対的に新しい次元を見いだすことを可能にする眩暈（めまい）である。そしてこの点から見れば、身体と精神のあいだにはもはや、いかなる差異もない。精神とは、根本的に、身体があらゆる他の身体に対して親密なものとなるための努力を指し示す（そのために身体は他の身体を自分のなかに、少なくともイメージや感情として入り込ませたりもする）。親密さとは、わたしたちが意識と気遣いと呼ぶものの本当の名なのだ。

引っ越しをしながら、わたしは自分が〈わたし〉という名を与える、精神的で身体的な動きの性質を理解できるようになった。わたしたちは主観性を、奇妙な存在へと還元してきた。それは非物質的な存在であり、世界を越えた次元に押し込められた存在であり、満足のいくものだったかは別にして、わたしたちが、霊魂、プシュケー、精神などと呼んできた存在である。わたしたちは何世紀にもわたって、自分の身体の構造と生理学において、この奇妙な存在の実在、そして身体へと受肉する場所を見いだそうと躍起になっていた。しかし、〈わたし〉は霊魂あるいは身体ではない。それは世界の動きに対応している。わたしたち各々のうちで〈わたし〉と言うのは、つねに世界全体である。家は〈わたし〉である。というのは、〈わたし〉とは、もはやプライベートで特殊な事実——ある一つの主体と身体の事実——ではなく、主体の連なり、事物の連なり、世界の場所を貫く渦巻きのようなものと考えられるからだ。それは閾（いき）であって、それによって主体は世界の実在となり、世界は特殊で比類ない顔をもち始める。〈わたし〉と言うためには世界、取り巻く空間が必要であり、わたしたちにたくらみごとを持ちかけてくる物や人、あるいは、わたしたちがたくらみごとを持ちかける物や人が必要であること、そしてまた〈わたし〉とは、諸々の身体と精神がそのなかで互いに順応しようとする渦巻きにすぎないこと、すべての家はこうした事実にかんする、大地にもとづく証拠である。

わたしたちが引っ越すたびに、〈わたし〉は自分に対して姿を現す。〈わたし〉とは、これから存在しうる、共有物としての世界の目録(カタログ)である――物によってできているか、それとも感情によってできているかはほとんど関係ない。だからこそ、引っ越しはときどきとても難しい。そのことは、わたしたちが〈わたし〉と言うために必要なものを考えさせることになる。そしてまさにこの機会に、わたしたちはしばしば、もう自分のものでないこの世界の一部から、自分を解放する方法を発明する。しかしこのときでさえ、わたしたちはけっして世界を手放すことはできない。わたしたちは物、人、感情を置き去るが、また別の物、人、感情を飼いならし、同化することをやめることができない。わたしたちは、最も強力なノマド的瞬間であっても、自分に家をつくるだろう。生きるとは、世界の一部に含まれ、包まれるがままにしておくことであり、この一部に自分のなかで〈わたし〉と言わせておくことである。そのことが意味するのは、文字通り、引っ越すということだ。

2 愛

あるときには、郵便局に並ぶように、列をなさなければならないことがある。ときにパリでは、まるでオスマン様式の巨大建造物を取り巻く大蛇のように行列ができていることがある。七階から中庭まで下り、入口を抜けて雑然と混乱した通りにまで至る。何十もの人が、学生の小さな下宿のような部屋を訪れるのを待っている。彼らがまさしく選ばれたものであることを証明する書類を手に携えて。いざ部屋に上がるころにはほとんど、気分悪く、裏切られたような気持ちを抱かざるをえない。わたしはいつも、冒瀆の場に居合わせているような印象を受ける。部屋の戸口をまたぐとき、この場所と特別な関係をもつと感じたり想像したりすることは、わたしには不可能だ。この場所がわたしの自宅になるはずだとしても。

引っ越しの前であっても、わたしたちが自分の住まいと取り結ぶ関係は奇妙な儀礼によって始まる——内見である。この儀礼は、時代、各人のやり方、そしてまたとりわけ〔部屋の〕使用法、さまざまな国の文化によって変わる。それは、住まいと結びうるすべての関係のなかで、最も陶酔的な形態だ。内見はしばしば、部屋の間取りやサイズ、日当たり、床貼りの品質についての美的基準から評価することと混同される。しかし、住まいとの出会いはいつも、この部屋に住めば幸福が共有されるよう約束されているかどうかを読み取る試みである。それはある種の願いであって、この空間内の物の配置、きわめて不透明で読み取るのが難しい指標、兆候、信号によって示されるのだ。廊下の長さ、空調の種類、ドアノブの形、幅木の品質といった一見表面的な細部を観察することとは、未来の生活のイメージに、小説でいう「現実効果」[1]と呼ばれるものを導き入れることである。

しばしば不安と当惑で満ちたこの瞬間に、自分自身の生活を予測し、ここでの生活や自分自身と繫がりをもつことの適性と、そうすることの必要性を再認識する。この繫がりとは、意志や法則のような関係ではなく、わたしたちが生きるなかで天候と結ぶ関係と同じだ。わたしたちは、朝に眠い目をこすって空を観察するのと同じように家を観察する。家を自分の空のように観察する。この瞬間、道徳はすべての教訓や、教理問答（カテキスム）、敬虔な意図を手放し、卓越した形態の想像力となる。それは、私たちがこれまで何であり、これからどうなるかにアクセスしうる唯一の想像力なのだ。

このように努力することは、少なくともわたしにはとても難しいものであると判明する。アパートの一つを内見するとき、この空間を作りあげ、そこで暮らした過去の人生の謎解きをするよう強いられているように感じるからだ。何年か経つと、求めるものやこだわりは変化し、アパートの前に広がっていた〔家の細部にかんするイメージの〕一群は消え去る。ときには空っぽの状態だが、たいていはそれらに住みつき、後に放棄したすべての人生の痕跡や記号に満ちた空間のなかで、わたしを内見させた不動産エージェントと一緒にいながら、わたしは自分が一人きりであることを再発見する。わたしが感じてきた道徳的なショックは、細部の質――一六世紀のたんす、デンマークのランプ、不揃いのティーカップたち――にあるわけではけっしてなく、これらの物を見ることによって、他人たちとわたしの人生を分かつ明白な境界線を引くことができないまま、自分が彼らの人生に突然沈みこんでいるのに気づくことにある。わたしはそうした物を見ることで、コーヒーの残りかすを見て未来がどうなってゆくかを占おうとする人のように、自分を占うことになるのだ。

わたしがベルリンで住んだ四つのアパートのうちの一つに到着するやいなや、わたしはそこに、前の借主が残した、私的な日記を見つけた。わたしは三日かけて、その日記を繙(ひもと)き、自分ではない者の人生のなかを生きた。前の借主のときと同じままの家具やカーテン、壁からまだ

1　ロラン・バルトのいう、文学作品に現実感を与える「現実効果（effet de réel）」を指す。バルト「現実効果」『言語のざわめき』花輪光訳、みすず書房、一九八七年。

外されていない絵画のそばでそれを読むことは、自分を一時的に、複数の著者によって書かれた物語の登場人物に変様させることであり、もはやわたしだけのものでない人生を生きることだ。いかなる仕方でわたしの人生——あるいはわたしが残していった廃墟——は、わたしが住んでいた家の世界のなかで、自分より後に住む者たちによってどんな風に生きられているだろうと、わたしは——多少嫌な気持ちになりながら——自問してみることがよくあった。すべてのアパートには陶酔と深淵とが結びついているが、それらは次の事実に由来している。それは、わたしの人生を家として想像することは、わたしの人生が他の物や、とりわけ他人と不可分なかたちで結びついていると想像することを意味する、という事実である。

わたしたちはいつも家について、私的な空間であり、わたしたちを隔て、個別化する空間であると述べるが、すべての家はじつのところ、わたしたちが自分の人生と運命を他人の人生に重ねるための、物質的で精神的な技術である。おそらくそれが家の第一の機能であるからこそ、家の本性は建築にかんするものではなく、道徳にかんするものである。もう一度言うと、わたしたちの家の不十分さは、たんに建築や美学にかんするものではなく、つねになによりもまず、倫理にかんするものである。わたしたちが家に対して失望するのは、最初に出会った頃には、暗黙のうちに共有された幸福を約束してくれるのに、しばらくすると、その約束が守られなくなるからだ。反対に、わたしたちが家を想像する能力を失ったのは、二つの生が一つの同じ生を生きるための知と技術を磨くのをやめてしまったからだ。それは、わたしたちが何世紀にもわたって、愛と呼んできたものだ。家はつねに愛を、そのすべての現れ方において生きることを可能にする、空間的な公式なのだ。家とは人生を共有する物質的な計画であり、その骨組み、客観的な雰囲気、天候にほかならない——わたしたちを他人と切り離せないものにする時間や気分、食事、眠気、夢である。家を考え、建てるときに、愛を考え、建てずにすませることは不可能だ。

その逆もまた真である——それがわたしたちの家であれ、他人の家、各人の住処から離れたホテル、あるいは別荘であれ、愛というものは一つ屋根の下で育まれ、生きられ、守られ、祝福される。そこに家の際立った神秘があり、だからこそあらゆる街は複合的な慣習、重々しい法的な仕組みを介して愛を何としても奪い去ろうとする。しかし、家を作らなければ、わたしたちの代わりに「わたし」と言う渦巻きのなかに世界の一部を含みこまなければ、愛することはできない。

この完璧な方程式は、まったく自然的でもなければ普遍的でもない。おそらくここに、西洋がかつて近代と呼んだものの最も深く、根本的で、特異的な特徴がある。近代とは、技術発展、あるいはヨーロッパによる世界の他の地域の征服、社会的秩序と統治体制の変様の帰結ではないと指摘したのは、カナダの哲学者、チャールズ・テイラーである。[2] 近代の中心には、革命的な道徳的企図がある。この企図によって、最も些細でありふれた日常的な生と、愛と労働とが、あらゆる政治的、経済的あるいは社会的、物質的な関心事の核心に来ることになった。わたしたちは、特別に洗練された技術的な物を用い、地球のあらゆる地域を旅することができ、人口過剰の街に住んでいるという理由で近代的であるというわけではない。わたしたちが近代的であるとすれば、それはわたしたちが日々自由に生み出し作り出すもの、そしてわたしたちが自由に愛する人のなかでこそ、わたしたちのアイデンティティが規定されると確信しているからだ。わたしたちが近代的であるとすれば、それはわたしたちの自由と道徳的完成とが、愛と労働の自由のなかで測られると考えているからだ。ほかの文化がかつてそれを想像したことはない。そして、もし労働が都市の基礎であり、同時に中心となったとすれば、家は反対に——生産の場である必要から解き放たれ——愛の神殿、一人の人間との日常的で共生的な関係の神殿となった。進歩の観念と関係づけられる、あらゆる道徳的な大革命が、労働条件の改善、愛の自由と結びついているのは偶然ではない。しかし、労働とその尊厳、形式、条件の省察が、かつて何世紀にもわたって、近代化のプロセスにあると認められた諸国家における生活についての省察とともになされなければならなかったのに対し、愛の問いはアカデミックなものとして、公的に議論される正当性のようなものを、まだこれから見いださなければならない。フェミニズムのような社会学の一部を例外として、(「女性誌」と呼ばれるもののなかで扱われるべきものを、誰があえて仕事として考えるだろう〔などという見方から〕）愛はマイナーで取るに足らない、副次的な対象、あるいは司祭や教理問答の教師、精神分析家のための主題であると見なされつづけてきた。このアンバランスさがもたらす困難こそが、近代の企図を最後まで実現することが能力的にも事実的にも不可能であることの、真の理由である。わたしたちの近代性はつねに不完全であり、手足を奪われていた。なぜならわたしたちは、近代的な道徳的企図の中心をなす、日常的な生の二つの柱のうちの一つを無視してきたからだ。そして労働が（間違いなく経済的なものとは別の理由で）わたしたちのアイデンティティを規定することができないと見なされつつある文脈において、愛の省察がなお欠如しているならば、近代が現実となることは文字通り不可能である。わたしたちが近代的となるに至らないのは、わたしたちがいまだに愛することを学んだことがないからだ。[3]

この文化的なタブーはわたしたちの文明のメカニズムに根ざしている。歴史的に、愛の関係

2　チャールズ・テイラー『自我の源泉——近代的アイデンティティの形成』下川潔、桜井徹、田中智彦訳、名古屋大学出版局、二〇一〇年。

3　この段落における「近代」にまつわる表現は、「わたしたちはいまだ近代的であったことがない」というB・ラトゥールの著作のタイトルを念頭においた表現であろう。以下を参照のこと。ブルーノ・ラトゥール『虚構の「近代」——科学人類学は警告する（原題：*Nous n'avons jamais été modernes*）』川村久美子訳、新評論、二〇〇八年。

――かならずしもエロス的な次元において考えられるような関係だけでなく、あらゆるかたちでの愛の関係――についての知は、何十年ものあいだ（そして現在もそうなのだが）、女性たちが共有する、女性たちにしか許されない相続財産であり、文化や学問、公的な生から排除されてきた。この排除の帰結は劇的なものである。〔労働があらゆるかたちで学問の対象である一方で〕愛が学問の対象と見なされることがありえないというだけでなく、わたしたちのうち誰も、愛を研究し、応用し、従事すべきこととして感じていない。愛については、すぐさま暇や気晴らしと関連づけられる、実生活の次元が問題となる。そしてそれが理由で、愛は通俗的な演劇や大通りに面した劇場での小さな劇作品の題材となっている。〔愛をつかさどる〕エロスが尊厳について劣位を与えられてきた一方、〔労役をこなす〕ヘラクレスは公の崇拝対象をなしていた。〔愛において〕ひとが引き受けたがる自由、ひとが自由に対して期待する諸帰結、この次元には晴れやかな生の可能性があるという信仰にもかかわらず――エロスとヘラクレスとが同等であることは難しい。労働と愛にまつわる公の言説がともなう修辞法（レトリック）を、反転しようと試みてほしい。供儀や自己犠牲の傾向を二次的なものへ、軽やかさと自由の傾向を一次的なものへ移行させてほしい。しかし、なぜ真面目さが労働のみに関連づけられるのだろう。なぜ自由はいまだに愛の独占的な専有物なのだろう。

フランチェスコ・アルベローニが数十年前に取りあげた、スタンダールに由来する有名な区分、つまり「恋に落ちること（エナムルモン）」——愛する状態に陥ること——と愛とのあいだの区分を引用するなら、あたかも現代社会は前者の語にばかり没頭しているかのようだ。すなわちそれは、交わりと出会いから生まれる状態であって、現実的で実際的な、時間的に持続する関係ではない。技術的な進歩もやはり、Tinder、Bumble、Grindr やそれらのバリエーションのような出会い系アプリを通じてこの段階に集中しているという事実は、すでに述べたことを補足的に示している。〔愛について考えるときに〕家について考えないですませられるのは、まさしく、わたしたちが愛を体験するのが、恋に落ちる瞬間のためだけだからだ。

同じ理由から、都市についての建築学的省察はさまざまな水準において、かつてない複雑さに到達しており、また、現代的都市の現実は過去とは比べものにならないほど優れた技巧を施されているのに対し、家についての省察、とりわけ日常的な市民の家空間にかんする構築の実践についての省察はあまりに粗雑で先史的なままである。建築家は、家が提起する問題とは、生の多様な機能が与えられた何らかの平行六面体の空間的配置の問題であると信じており、それが正当化されてきた。つまり、睡眠は寝室に、余暇は大広間に、食事は台所に、といった具合だ。都市について何世紀も前から働かされてきた斬新な想像力は、市民の住まいについては表面的にさえ喚起されてこなかった。それが理由で、わたしたちがあらゆる家においてつねに抱く印象とは、家において道徳的可能性の地平は拡張されてきたというよりは制限されてきたということ、家のなかではわたしたちの生を粗雑なユークリッド幾何学にあてはめる必要がある――この幾何学は、理由は説明できないが、幸福で成功した生活の鍵とみなされてきた――ということだ。近代の家を訪れても、わたしたちは自分を解放してくれる情動的で道徳的な近代性を経験できないばかりか、自分たちの道徳的想像力の粗雑さを体験してしまう。

とはいえ、愛を考えること――結果として家を考えること――の困難は、わたしたちの文化の脆弱性と無分別にのみ起因するわけではない。愛があらゆる道徳的省察のブラックホールとして現れる理由は、その構造自体にある。愛とは、生がいかなる教訓や法則、確実性にも身を委ねることのできない倫理的空間なのだ。そしてそのことは、生の無始原的（アナーキー）あるいは無規律的（アノミー）な次元に起因するのではない。反対に、愛の経験ほど構造化されたものはない。しかしそれは特殊な構造なのだ。古代では、この種の道徳性を「神秘」と呼んだ。知識にも法則にも頼ることができず、唯一頼れるのは通過儀礼のみであるような、実存の次元である。

神秘は、この文脈では、未知の何かを指し示していない。根底的には、わたしたちの知識を逃れる現実は無数にあるが、それらは一つとして神秘ではない。どこかの街で道を歩いているときに出会う顔のほとんどは、わたしたちにとって未知のものだが、そのうちの一つが神秘を構成することはまずない。図書館の棚に並んだ夥しい数の本もやはり、この性質をもたない。神秘は知識の秩序に対する外部として定義されるだけではない。この知識と、とりわけわたしたちの欲望に抵抗する何かなのだ。だからこそ通過儀礼を介してはじめて、神秘の領域への到達が可能になる。わたしたちがその現実を生きることができるためには、第三者が必要だ。神秘とは、他人の生を介してはじめて、接近しうる生である。だからこそ神秘は最後まで知りえないものでありつづけるし、したがって、〔知りたい、到達したいという〕欲望の秩序は怖れからけっして解放されえない。知識はしばしば怖れを消し去ることができるが、神秘については技術的に手が届かない。愛はこの神秘的経験の超越論的形式なのだ。

あらゆる家は、根底的には、ある生に別の生を生きさせてくれる構造であるはずだ。それは、わたしたちを外の世界から切り離すガラス、鋼鉄、コンクリートの集まりではない。自分自身の〈わたし〉を、まずはわたしたちに可視的なものにしてくれる窓でもない。それは、精神的かつ物質的な通過儀礼、生と生のあいだの相互的な通過儀礼である。家とは、世俗的で非宗教的な、神秘の構造なのだ。

3 浴室とトイレ

それは、前世紀の終わりだった。こう書くと奇妙だが、正確なことだ。わたしは苦労してベルリンに引っ越したばかりで、大都市（メトロポリス）に住むのは初めてだった。凍える寒さだったが、外は輝いていた。この街は、混乱し熱狂した、空位の期間を経験してきた。ベルリンの街は、壁の崩壊によって、分割と共産主義的統治から解放され、統一後のドイツの首都に選ばれた。議会はまだ開かれておらず、役所の窓口も設備もそろっていなかった。これら役所や設備は街に伴うものであり、大都市を自然な状態よりもずっと秩序づけられ、管理された街へと変えるものだ。通りや家々は、束の間だがとても強い恍惚を発していた。ここではみな、他所とは違う仕方で暮らし、ユーラシア大陸全体とは異なる生活を想像することができるかのようだった。

そこでは、イタリアの地方にある小さな街で大学の一室を借りることができたのと同じ金額で、六〇平方メートルのアパートで暮らすことができた。人々は多様な仕方で着飾っていた――一九九〇年代末のベルリンは期せずして、後にニューヨーカーのヒップスターのスタイルとなるようなものの実験室だった。そこではみな、いろんな仕方で食事をしていた——というより、非常に行儀の悪い食べ方をしていた。なにより、家々はその設備、スタイル、配置においてさまざまであった。最も驚くべき特徴は、東ベルリンの多くのアパートにはトイレがなかったことだ。一九世紀末のように、トイレは踊り場にあったのだ。その理由は、経済的な性質のものだけではなかった。警察による街の建築基準は、一八八七年一月一五日以来、トイレは外から直接に来る外気と光に通じていることと定めた。しかし、よくあるタイプの大きい建物の構造と面積、間取りでは、そのことがつねに可能であるわけではなかった。そういうわけで、踊り場という解決策が採用されたのだ。

問題はほとんどつねに、トイレの空間が、踊り場の面積のせいで極端に狭かったことだ。そういうわけで、トイレを頻繁に利用する身体にとって、トイレという空間に構想された機能を機械的に遂行することから気を紛らわせることのできる、あらゆる要素が欠けていた。もっと何年も後になって、パリで似たような空間に出会うことになるが、そのときの問題とは窓も換気扇もないということだった。この飾り気のなさが意味していたのは、建築モダニズムの機能主義的プログラムへと、すでに意図せず賛同していたということではない。この閉鎖空間に必要以上に留まるなどということは——暖房器具もなく、冬には気温がしばしばマイナス一五度にまで下がるこの街にあって——無為な時間を楽しむというより、気温対策を尽くすことを意味していた。一九世紀には、これらの問題を避けるために、クローズ・スツール〔座面に穴のあいた、室内便器用の椅子〕が存在した。二〇世紀末のベルリンの夜にトイレに行くことは、南極探検のようなもので、この野外の冷凍室を生き延びるためには、〔ストーブなどの〕適切な設備がないのであれば、三、四枚のセーター、数枚のベルベットの長ズボンによる重ね着を即興で作り出し、アパートのドアの向こうに広がる氷の世界に対抗しなければならなかった。

このトイレの隔離は、パリでよく見られる非常に日常的な区分、つまり生理的に純化された空間（トイレ）と衛生的に純化された空間（浴室）の区分を反映するものではなかった。そのアパートには、身体を配慮してできたものは一欠片もなかった。共産主義的統治の終焉と近代化の最初の波が訪れたとき、アパート全体を建て直す代わりに、踊り場にトイレを据え、家のなかにシャワーを備えつけて、人々の新しい慣習に対応しようとした。シャワーが備えつけられたのは、技術的な要求をかなえてくれる家のなかの唯一の空間――つまり台所だった。

わたし自身の部屋にも一つあった。流し台、オーブン、食洗機、パスタのパックと食用油、調味料を入れた戸棚の横に、わたしの体の清潔さを保つための、プレキシガラスのキャビンが悠々と収まっていた。そこにあったのはごく些細なものだが、アパート全体をシュールな夢へと変様させるのに十分だった。普段はわたしを浴室のなかへ孤立させるように導く所作が、台所で友人たちに自分の体をお披露目する所作と、危険なかたちで一致してしまうのだ。台所という、このメタモルフォーゼの動物園ないし庭において、他の種に属する生きものの味と香りとの混淆は、わたしの身体を清潔で人間的なものに保とうとする努力と不可分なものとなった。衛生的な配慮と美食的な欲望とを同居させようという試みには、何か衝撃的なものがあった。ルイス・ブニュエルは、映画『自由の幻想』においてブルジョワ的な道徳律を反転させようとしたが、彼でさえ最後には、トイレと台所の論理を逆転させ、排便を公的な行為として、また食事を一種のキャビネットのなかに閉じこもってするような私的な出来事へと変えたにすぎなかった。彼は、それらを空間、そして所作の地図のうえで結びつけようと考えることはなかったのである。

たとえいつも喜ばしいものではなかったとしても、この経験はわたしに、家の間取りとは何かを理解させてくれた。浴室と台所は、それまで生活してきたアパートの間取り図のなかで、仕切られた二つの長方形であるだけではなかった。それらは道徳的に区別された、そして両立するのが難しい、二つの想像物であり、二つの宇宙である。それらの空間と質量が混ざりあうことは、わたしの諸習慣だけでなく、わたしの思考、わたしが自宅にいるのだと再認識するたびに抱く諸感覚を再定義することと一致していた。わたしが、この——浴室＝台所という——キメラによって生み出されたショート回路のなかで理解したのは、家を構想することは、住人を正確な、精神的な測量に服従させることだというものだ。つまり、住人の感情や心情、住人の経験の形態や様相を組織することだ。そして、わたしたちが普通、自分の日常生活の最も物質的な機能と結びつけている浴室もまた、むしろとりわけ、家の降霊術の核心なのである。

わたしたちは、厳密に解剖学的な意味で解された人体にそって、居住空間を想像し適応する、建築的伝統に基づいている。この伝統はより一般的には、人体と何らかの臓器を拡張するような、技術的な人工物（アーティファクト）を思考するものだ。ドイツの哲学者、エルンスト・カップは一八七七年刊行の本で、この考え方をはじめて明快に定式化した。カップは次のように書いている。「人間は知らないうちに、自分の身体器官の形態と機能的関係、通常の結合を、自分の手による作品へと移行している。これらの類似的な関係が自分自身と結ぶ関係に、人間は事後的にしか気づかない」。この投影、この「自己の外部への延長」によって、「自然を知解可能で、利用可能なものとする」ことができ、また、その人自身の実存を自分で説明することができる。技術的操作を介してこそ、人間は自分のいる世界を理解できる。したがって、この器官投影は、あらゆる人間の活動に対する可能性の条件である。わたしたちはあたかも世界に住まうために、世界を自分の似姿（イメージ）に、自分に似たものに変形しなければならないかのようだ。

まさにこの直観によって、近代の建築学は、居住空間の形態とイメージを、そこに住まう解剖学的身体の尺度へと体系的に送り返してきた。このアプローチの最もラディカルな例は、ル・コルビュジエの「モデュロール」である。[1] この数学的で幾何学的なモデルによって、彼は住まいの単位を構想し、構築しえた。「モデュロール」――「モジュール」と「黄金比（ノンブルドール）」の合成語――は、ルネサンス期の〔ダ・ヴィンチによる〕「ウィトルウィウス的人体図」を再考し、改変したものだ。それは腕を挙げた人間の表象に基づいているが、この表象は人体のサイズの比率を図示し、それを環境空間にも投影している。ル・コルビュジエは次のように書いている。「家は住まうための機械である」――「浴槽、太陽、温冷水、好きなように調整できる室温、衛生、よき比率による美しさ」。したがって、この器官投影のモデルを適用することでのみ、ひとはこうした仕方で家を構想しうることになる。ペンや鉛筆、電話、剃刀、リムジン、大型客船、飛行機、あるいは「座るための機械」である「肘掛け椅子」。そうしたものは、それらを役立てることになる身体をモデルに製作される。実際、ル・コルビュジエによれば、建築的人工物（アーティファクト）と人体解剖学とは、つねに一致してきた。「パンテオンとインドの寺院、大聖堂は、一貫したコードやシステムを打ち立て、さらには本質的な単位」――つまり、人体という単位――「を明示する、適切な尺度で建築された」。その証拠は、ル・コルビュジエによれば、空間的尺度の単位の名称が、人体解剖学から抽出されているということにあり（指、親指、足、手のひら、歩幅）、したがってこうした単位によって世界は、わたしたちの身体が延長されたものになった。それというのも、これらの単位という道具は「人体を構成要素」としているからこそ「建築すべき小屋、家、寺院の尺度を測るものとして用いるのに適していた」からだ。その実用性は、これらの空間に住まうことになる身体との同質性に依拠していた。問われていたのは、「限りなく豊かで絶妙な」道具である。「なぜならそれらの道具は人体を測る数学に与しているからである。それは美麗で、優雅で、堅固な数学であり、わたしたちの心を動かす調和的性質の原因、すなわち美である」。同じことが、生理学的な理由についてもあてはまる。「人間は空間を占拠し、自分の必要に応じて空間を管理する」うえ、「人間は自分の手足を用いて空間を占拠する――自分の脚、上半身、伸ばしたり挙げたりする腕を用いて。人間はみぞおちや、自分の動きの蝶番に従うのである」。この「奇妙なまでに単純な」機構は、「人間は、自分の行動、空間の占有について、別の基盤をもたない」という事実に基づいている。「機械や家具、新聞は、人間の所作の延長である」。

しかし、まさにこうした理由で、ある所作の形態を可能にしたり、延長したり、変更したりするならば、つねにそれを支える心理学をも変更することになるということに気づく必要がある。家は精神的な彫刻であり、わたしたちの魂の空間化、または身体の所作化――身体を所作や習慣、感情へと翻訳すること――の様相である。家を構成する要素のどれもが、わたしたちの身体よりも霊魂に影響する機械である。なぜならそれらの要素は、わたしたちがほとんど気

1　ル・コルビュジエ『モデュロールI』吉阪隆正訳、鹿島出版会、一九七六年。

にも留めないけれど精確な秩序に従っている、わたしたちの感情、情動、想像力を教育するからだ。家の浴室はおそらく、このことについての最も明らかな証拠だ。

家やアパートを構成する部屋の質量は、老夫婦と似ている。長い年月を経て、熟年の恋人たちは自分たちの習慣と観念、意見、苦悩、快楽をしっかりと噛みあわせており、一方の体が他方の肉体に滑り込んでいるように、あるいは、それぞれがどちらのものともつかない生を生きているように見えるほどである。長いあいだ住まれた家の部屋同士は、それぞれの体積を融合しているわけではないとしても、恋人たちと同じ仕方で、一つの息吹に溶けあうまでに、互いを反響させあっている。それらの部屋は、壁と扉、そしてそれらが迎え入れる家具や生活上の機能の明らかな違いにもかかわらず、他の部屋の魅力をも手に入れている。

この空間と雰囲気の溶解へとむかう変動において、共生や宇宙的な融合に抗う何かが存在する――浴室である。それぞれの家において、この部屋は還元不可能な差異を表現し、受肉している。この差異をより適切にいえば、異質なものであろうとする頑固な欲望である。あらゆる浴室は家のなかでの耐えがたきダンディズムの建築的な表現である。他のものと重なりあい、混じりあうことを拒み、自分が迎え入れる生が外でも生存しうると認めることを拒む時空間である。そして、精神的な分離や、場所の孤立だけが問題なのではない。浴室はわたしたちには、明らかに、そして当たり前に、家とアパートの観念そのものに属するように思われるのだが、

〔「一ドル半で浴室つき」を売り文句としたスタットラー・ホテルが登場した〕二〇世紀初頭の北アメリカのホテルをみればわかるように、浴室は部屋のうちでいちばん最後に家に属することとなった。その結果として、個々人の私的で日常的な生活のなかに、それまで人々の集団的な次元と息吹が駆けめぐっていたもの――液体、蒸気、洗体、入湯による身体のケア――が閉じ込められることになったのである。それまで習慣的に、〔温泉のように〕土地の水理地質学的なバランスのラディカルな変様を前提としてきたものを、小さな部屋に集中させるためには、やはりラディカルなかたちで機械化に訴える必要があった。浴室は台所とまったく同様に、アパートのなかで、技術的に最も複雑で、したがって近代的な空間である。なぜなら、その空間は他所ではめぐらない要素をひそかに循環させていることを示しているからだ。それを要請するのは、精神的かつ化学的な構成である――浴室は家の残りの部分と異なる要素によって生きている。家はなによりもまず、空気と石材によって作られている。反対に、浴室は定義上、液体が支配する場所である。それは、取り除かれるべき有毒な流れではなく、反対に、回復させ、再生させる液体である。

これがまた理由で、浴室は美的アイデンティティにおいて独自のスタイルを打ち出しつづけてきた。浴室はその材質、色、モティーフによって、家の残りの部分をまったく想起させないような面をもつことが可能である。この差異へのこだわりはまた、あらゆる浴室が従わなければならない、機能への厳格な信仰に関連している。家のほかの空間は、目的と形態のあいだに、ある程度の操作の余地を残している。台所はしばしば仕事場となり、部屋は勉強の場となり、廊下は子どもたちの遊び場となる。それに対し、浴室はたった一つの機能によって、精神的にも心理的にも規定されている。むしろ浴室がその規定を越えた場合、シュールな効果を生み出すことを避けるほうが難しくなる。

浴室が体現するのは、分離し統合することのできない論理である。あらゆる家が私的領域に通じているとすれば、浴室は家のなかの家である。つまり、私的なものの私的なものであり、鍵で鎖（とざ）された部屋であり、ひとが安全であると感じ、そうであることを望むような環境の、絶対的な保護によって鎖された部屋である。浴室が家の残りの部分と同一化することを、物理的にも、建築学的にも、美学的にも拒むとしたら、あるいはそのように同一化することができないのだとしたら、その理由は、浴室が世界のすべての家に駐屯する、道徳的な見張り番だからだ。その最も秘められた意図はまさしく、経験をふるいにかけ、性器にかかわる特定の所作を身体から取り出すことにある。あらゆる家は、最も私的で個人的な生を蒸留させることで、他人へと関係し、接近することができるように調整する蒸留器である。浴室は、さらにもっと私的な何か、誰も参与する見込みのない親密さを蒸留する蒸留器である。浴室は、普通は鍵で鎖すような唯一の部屋であり、閉じ込められる危険をつねに伴う唯一の部屋でもあるとしても、それは偶然ではない。浴室は、還元できない道徳的世界の守護者であり、家のほかの部分では不可能な何かの劇場なのだ。この浴室による物理的かつ精神的なゲットー化は、派生的な被害者を出してしまう。エロスである。

浴室は当惑と疚しさからなる歪んだ羞恥心であり、性の発見の舞台、すなわち、わたしたちの誰もが日々、自分の性器とともに作り出すはずの脆弱な関係性の舞台から他人を追い出してしまう。わたしがエロスの快楽の最初の秘密を見破ろうとしたのは、自分の家の浴室、誰にも見つからないように——奇妙な沈黙協定を結んだ兄弟にさえも見つからないように——、鍵で鎖された浴室においてであった。わたしはまた、とても地獄に近い場所を思い出す。男性更衣室——エロスの精神的ゲットー化というイデオロギーの、おそらくは最悪の帰結が現れる、この浴室の集合——がそれである。浴室はこのイデオロギーの表現であり、症状なのだ。個人や性を隔て、「人間」または「人間たち」が、エロスの器官に対する絶対的な孤独において対立しあうことを強いることで、浴室は、わたしたちの身体と、それを用いることで他者と同じように自分にも快楽を与えようとする可能性についての、最悪の混乱をもたらすのである。

性器はおそらく、わたしたちに与えられたもののうちで最も奇妙なものだろう。じじつ性器は、それを使うために他の主体の存在と行為とを前提とする唯一のものだからだ。そこから快楽を引き出すこと、あるいは［生殖によって］自分たちを再生産しようとすることが重要である場合、わたしたちは別の身体の使用を介さなければならない。わたしたちに快楽を与えるのはつねに別の手であり、同様に、わたしたちが幸福と満足を得るために使うのは、つねに他者の身体である。それは他の器官には当てはまらない。わたしたちは自分の眼、口、脚、心臓、鼻を使うのに他人を必要としない。少なくとも、わたしたちが歩けるようになった瞬間からはそうである。反対に、わたしたちは性器によって、たえずマイノリティの状況、あるいはハンディキャップを与えられた状況におかれていると気づかされるようだ。それは不完全な器官だ。性器は、わたしたちをより完全なものに変えてはくれないが、未完成で、未規定で、わたしたちの解剖学的身体におけるほかのどの部分よりも「わたしたち自身」とは異なるものへと変えてくれる。取るに足らないみすぼらしいアイデンティティをわたしたちに与えることができる、この性器という器官こそが重要だという幻想をもたらすのは、浴室によって作り出された孤独という、演劇的フィクションだけなのだ。

種の解剖学はすべて、解剖学的身体と種的規定についての最も大きな、新たな機能を伴うシルエットを彫り出す。〔それに対し〕性器は解剖学的身体の輪郭をぼかし、未規定なものへと変えることを務めとしている。それは形態学的な問いではない――なによりそれは認識の問いである。性器はまた、語の文字通りの意味で、神秘的な道具である。ペニスとヴァギナは、別の身体によってのみ、理解し、本当の意味でその道に通じることのできる器官なのだ。わたしたちが一人でいても、別の人間がそこに居合わせていることを想像し、そのようにふるまう。身体の他の部分については、同様の扱い方は必要とはならない。したがって性器はアイデンティティを規定するのではなく、性を規定する。性器と相対する際、わたしたちは一人ではけっしてないし、一人であることはけっしてできない。わたしたちは他者たちを介してのみ、それを用い、知ることができ、反対に、この解剖学的部分はなにより、他の身体を知り、用いることに役立つ。この点において、性器は、知覚器官と反対のものである。他者たちを経験し、知り、住まい、他者たちによって知られ、操作される手段なのだから、性とは社会的性（ジェンダー）＝性別である。この特殊な位置づけにこそ、エロスのあらゆる悲痛な逆説が由来する。

性器は――たとえ自他の快楽のためにうまくそれを用いることのできる者であろうと所有できない生、類的で決定不可能な生の只中で――わたしたちの身体に社会的性となることを強いることで、無媒介的で直接的な知からわたしたちの実存をかすめ取る。感覚と脳によって生み出された意識のおかげで慣れ親しんでいるこの知から、実存をかすめ取るのである。性別としての――性的なものとなり、したがって他者だけが使用でき、そのことで知られうる生としての――身体は、認識にかんする生理学的な視野において、わたしたちのものでなくなってしまう。わたしたちは他者たちの快楽と、それが含む未知の危険と発見とを経験する必要があり、そうしなければならないと、必然的に運命づけられている。セックス――性別――はあらゆるかたちのアイデンティティを不可能にし、それを要求するあらゆる方法を馬鹿げたものとする。性別にはいかなるアイデンティティもない。性別において、あらゆる性別において、わたしたちは少なくとも二人であり、それもつねに、かりそめの経験と試みという仕方でそうなのだ。性別は、わたしたちが他者たちと異なることを可能にするものではないし、これからもけっしてそうではありえない。それはわたしたちを道徳的なスフィンクスに変様させるものだ。スフィンクスとは、二つの身体のキメラ的な合成である。性別は、互いの快楽と恩恵のみによって接合された二つの身体のコラージュへと結びつく。それは誰にとっても神秘の場である。またそのことによって、エロスについての学知を立てることを不可能にする。スフィンクスのまわりには、謎しかありえない。性の道徳はつねに一つの団体労働であり、そこから伝統を作り出すことはできない。性の道徳は過去へと変質してゆくことはけっしてないし、他者による使用につねに結びつけられるかぎり、何らかの教訓と関係することもけっしてない。性においてただ一つ重要なのは、謎解きである。

ここ二世紀来わたしたちは、人間が普遍的な性質を獲得するのは労働においてであると考えることに慣れてきた。マルクスが説明したように、わたしたちは、自由で意識的な仕方で、自分を「人間という」種的生に結びつけうるがゆえに、類的存在(ガットゥングスヴェーゼン)である。しかしわたしたちは、行為し、世界を変様させる以前に、自分を他者たちに結びつけながら、自分の幸福を築き上げている。わたしたちは——いかなる形態であれ——セックスを行うのだから、わたしたちの幸福と満足を導くパスワードを知っているのは他者だけなのだ。わたしたちは、自分のペニスとヴァギナのために、〈わたし〉のなかにいるさまざまな話し手たちによって把握され、操作される必要のある欲望なのだ。

この普遍性は、労働によって打ち立てられるものと比べて、ずっと脆くてはかない何かだ。そして、〔マルクスによれば〕疎外された労働によって普遍性の構築は最も難しいものとなるが、浴室によってもまた、普遍性の構築はずっと難しいものとなってしまう。あらゆる浴室が体現する自己隔離の論理から性と家を解放することとは、そこを、あらゆる身体が別の諸身体を通り抜け、また通り抜けられる空間となすことだ。つねにまた次の住人が開放し、理解することができる空間となすことである。

4　家のなかの物

わたしは、ドイツ南部のフライブルク・イム・ブライスガウにいたことがある。初めて仕事のポストを得たばかりだった。地元の大学で、古代哲学史と中世哲学史を教え、同テーマの研究に従事し、学科の研究部長による組織運営の補佐をすることになっていた。街に着くと、わたしはすぐさま住むところを探し始めた。探すにあたって賃料を心配しないでよく、アパートを見ながら考えればよいというのは初めてだった。わたしが出会ったのは、わたしがそれまで何年も生活してきた場所と比べると巨大なロフトで、数年前に建てられた建物に入っていた。しかし、わたしが最終的にそこを選択することになったのは、真っ赤な丸窓が台所の一角を、空に宙づりになった宇宙ステーションへと変貌させていたからだ。

所有者はこの建物を考え出した建築家だった。彼は内見の数時間後に、賃貸を始めるために、彼の部屋で契約を交わすことを提案してきた。午後いちばんに、わたしは約束していた部屋に着き、数分後には鍵を手にしていた。こうした、これまでなかったようなありがたすぎる出来事とバランスを取るように、わたしのクレジットカードは機能を停止していた。理由はわからないが、わたしはそれでも陽気さを失わなかった。雨風がしのげて、少なくとも一週間――粗食だが――食べるのに困らない現金ももっていた。

唯一の問題は、そのアパートが完全に空っぽだということだった。何もなかった――ベッドも、マットレスも、椅子も、食器も、フォークさえなかった。無だ。家やホテルの一室にあるような、人を住まわせる物が何もなかった。これから宇宙船に暮らすために宇宙空間にいるみたいだと空想した。家具をそろえたり、ホテルに泊まったりするお金はなく、街には知り合いもなかった。そうしたわけで、本当の家というよりは、プラトン的な空間のイデアに一週間、暮らした。

それはわたしにとって、近年で最も重要な経験だった。この数日のあいだで、わたしは幾何学的に純粋な空間は、物理的には住めないということを理解した。わたしが住んでいたのは、生の最も基本的な身振りのできない家だったのだ。地面はあまりに固く冷たく、眠ることができない。眠るためには、布団、クッション、パジャマ、そしてとりわけマットレスが必要だった。わたしに必要なのは物であって空間ではなかった。そこでは仕事をすることすら不可能だった。テーブル、椅子、パソコン、ランプが必要だった。物だ。食べることも不可能だった。フライパンがなかったので、料理することができなかった。ナイフ、フォーク、スプーンもなく、手だけで食糧を扱うことはできない。そしてとりわけ、長い時間そこに滞在することができなかった。無を省察するなど、猥褻で耐えがたく、耳鳴りがしてくる。

実際、形式としての家——地面、天井、壁——には定義上、住むことができない。問題は抽象化だ。わたしたち一人ひとりが暮らす場所、身振りや物と感情の世界という現実のうえに建てられた場所であるかわりに、形式としての家は、それらを純粋に幾何学的な事実へと切り縮めてしまう。じじつ、空間は、道徳的な観点からみると存在しない。わたしたちは空間と出会うことはない。わたしたちはきわめてばらばらな、他人や植物、動物、物が住まう世界に住んでいる。これらの物は一定の面積の切れ端ではない。物は容積を占めることに限定されるというよりは、容積を開き、可能にするものなのだ。ベッド、皿、テーブル、パソコン、冷蔵庫は、さもなくば空想上の抽象的であるにすぎない面積を、現実的なものへと変える。面積とは、文字通り侵入禁止で居住不可能な、たんなる精神の投影である。わたしたちは本当のところ、物にしか住まうことはできない。わたしたちの身体、身振りを住まわせ、わたしたちの目を引き、家の四角く完璧で幾何学的な表面にぶつかるのを妨げ、家の暴力から護ってくれるのは、物なのだ。箱としての家は、技術的な観点からみれば、一種の砂漠であり、たんに無機質な構造なのだ。

この経験がわたしに教えてくれたのは、家空間はユークリッド的性質をもっていないということだ。自宅で身体を動かすことは、学校で習った幾何学にはしたがっていない。わたしたちのアパートに住まう物は延長ではなく、磁場であり、惹きつけるものであり、逆らいがたいメロディによって家空間を罠にかけ、とりこにするセイレーンである。それは家空間を、たえず不安定な力の場へと変様させる。それは、わたしたちが家から出て、ドアを自分のうしろで閉めてはじめて解放されるような、感覚に影響を与えるネットワークへと家空間を変様させるのである。だからこそ、あまり外に出ない日々に、たいていわたしたちは疲れ切ってしまう。家にいることは、物が互いに、そして同様にわたしたちに行使するあらゆる力に抵抗することを意味する。家での生活は、機械的ではなく電気的な意味で、抵抗である。わたしたちは物の力が通過するタングステンの導線であり、わたしたちは物によって電気を点けたり消したりする。

　この力はどこから来るのか。わたしは、もっとだいぶ後になってこのことを理解した。娘がそのことを教えてくれた。じつは、この力はわたしたちのなかから来ているのだ。住まいの戸口をまたぐたびに物が活気づくとすれば、それは物がわたしたちの一部を獲得しているからだ。衣服や、電話しているときに番号を書き留めたり落書きしたりするメモ、絵画、わたしの娘のおもちゃは、あたかも人間とは別のかたちを与えられた主体、我（エゴ）であるかのように存在している。そしてそれらは、わたしたちを定住させ、わたしたちと対話する。日々、月々、年々と続いた習慣や日常的なルーティン、あるいは、物の身体とわたしたちの身体の摩擦は、痕跡を残し、物に磁力を与え、物を自分の人格の一部へと変様させる。家ではすべてが主体となる。そう考えると、うまく定義ができる。いわゆる家とは、すべてが主体となる場所なのだ。ここには、隷従とは真逆のものがある。家とは物が物であることをやめる場なのだ。それは普遍的に生命を与える汎心的な機械であり、すべての物のなかに〈わたし〉が存在することを告げる機構であり、意図されないアニミズムの空間である。そしてわたしたちは、つねにそれを理解しているわけではない。

巧みなシャーマンであり、アニミズムの使い手である娘は、二週に一度、わたしに知覚の扉を開くことを教えてくれた。それによってわたしの日々には、生物学が「生きもの」と定義するものとはかなり異なるものたちが棲みつくことになった。コレットはわたしと時間や遊び、嗜好、そして彼女の些細な癖を共有することでは満足しなかった。彼女はわたしを、彼女の世界に案内してくれた。その世界に住む登場人物はきわめて多様で、その物語は、再構成するのがかならずしも簡単ではなかった。まずはもちろん、最も重要な登場人物たちがいる。信じられない力をもつテントウムシ娘に変身できる少女である（彼女のお気に入りの）「レディバグ」、アルクトゥルスの森に隠された魔法の秘密を明らかにする力をもつ、不器用な魔法少女である（わたしのお気に入りの）「アッコ」、惑星エテリアを解放する力をもつ好戦的な王女「シェ＝ラ」、そして、奇妙きわまりない生物種を救うために宇宙をめぐる、好奇心旺盛な海洋生物たちの群れである「オクトノートたち」。

しかしながら、ほかの大部分の存在は、それよりずっと脆く、はかなく、繊細な存在を享受しているように見える。同い年の子どもたち――彼女は五歳半である――と同じく、彼女は大いなるアニミストである。彼女にとって世界は、諸々の物＝客体ではなく、主体、魂、存在からなる、限りなく色とりどりのもので成り立っている。それゆえ彼女は、おぼろげに人型をなしている極めて小さな紙きれにさえ、一種の意識を認めることができるのだが、さらに、彼女の人形や綿ぼこりたちに、毎週異なる人格が住みついていると理解する感性をももっている。彼らの名前のみならず、人生や、彼女との血縁関係さえもがたえず変化し、ただちにそれをわたしに認めるように要求してくるのである。

ある日、娘はたくさんいる彼女の想像上の友人のうちの一人を、夕食に招待した。友人たちを見分けるのは、わたしにとってきわめて難しい。なぜなら、彼女たちは身体をもたない魂だからだ。テーブルについた大人を無視した、娘たちによる濃密な対話に対して、わたしはあまり品のない仕方で反応してしまったのだと思う。空気がかき乱されたのは一瞬にすぎなかったのだが、コレットは、わたしに何が起きたのかを説明するためにこちらに向き直った。彼女はわたしを安心させるためにこう言った。「心配しないで、パパ。彼女が見えなくても変じゃないよ。彼女だってパパが見えないんだから」。この瞬間、わたしの懐疑主義はすべて消え去った。そして、わたしの精神は内側で砕け散った。それはわたしにとって、わたしが「子どもっぽい」と思っていたものが、素朴で原始的なものではまったくないということの、決定的な証拠だったのだ。娘のアニミズムは複雑で、繊細で、とりわけよく考えられた知の一形式だった。わたしたちは歳を重ねるとともに、理性が自分の人生のかじ取りをし始めると、このようなアニミズム的な見方が消えてしまうと考えがちである。しかし、それはまったく確かなことではない。特に、今日においては。

娘が学校にいるときには、わたしはポリマー、プラスチック、セラミック、銅、鉄、ニッケル、シリコンでできた奇妙な物の前で一日を過ごしている。わたしはそれに向かって、長い時間、ときには数時間も話す。たいていは、この物はわたしに答える。その答えは、はきはきとしており、しばしばやかましく、多様な言語においてなされる。一九世紀には、「降霊術」と呼ばれたこのタイプの経験は、いまでは簡潔に「ZOOM セッション」と呼ぶほうが好まれる。わたしたちは認めたがらないが、パソコンや電話は、アニミズムを日常的で平凡な経験となす機械であると言ってよい。WatsApp の通話や ZOOM ミーティングのあいだ、わたしたちはパソコンや電話を見ていない。わたしたちは、生物的でない身体にカプセル化された、諸々の魂、主体、意識を見ている。これらの機械がわたしたちに差し向けるものは、実際、記号や表象にすぎないのだと反論するのは素朴すぎるだろう。言葉とイメージというものは、それらが表象するものに対して、存在と時間において自立している。しかし、わたしのパソコンや電話に入りこむ存在は、自立してはいない。この金属でできた機械は、長い時間、多数の意識によって訪問され、とりつかれている、とみなされている。技術は、物を精神で満たしたのだ。この種のサイバー・アニミズムには、とくに不安なことはなにもない。このアニミズムは、すべての人工物(アーティファクト)へと、家の存在様相を拡張しているにすぎない。電話やパソコンは、わたしたちのアパートの領域外にあるときでさえ、家の要素なのだ。それらのなかで、物質は家の壁に囲まれているときのように命を吹き込まれるのである。

一九世紀末から、人類学はアニミズムという語を、一般的にはもっぱら人間のものであると認められてきた諸性質――人格と意識、行為能力さえも――を物に割り当てるような、特定の文化的思考様式を特徴づけるために用いてきた。この物とは、まずは物神(フェティッシュ)、つまり神々を表象する人工物である。わたしたちの文化はつねに、こうした思考様式とは異なるものであるかのようにふるまってきた。わたしたちは物と人格、主体と客体のあいだに、確固たる再建不可能な区別があるという絶対的な信仰のうちに生きている。しかしながら、わたしたちは、人形のほかにも数多くの物にアニミズム的な関係があることを認めてきた。偉大な人類学者、アルフレッド・ジェルは、二〇年前に死後公刊された本のなかで、驚くべき、直観に反するテーゼを擁護した。西欧において、わたしたちが人間とほとんど類似した実存を事物に認める領域を、わたしたちはアートと呼んでいるというテーゼである。美術館で起きることを考えてみればよい。何時間もかけて、大勢のひとが一塊の素材（マティエール）――色材に覆われた画布、木、ブロンズ、大理石、鉛――を見つめる。彼らは、出会ったこともなければ、なにも知らない人物の思考、態度、感情を、そこに認めることができると確信している。彼らの多くが、これらの物に住みつく魂の心理学的なディテールに、こまやかに思いを巡らせることさえできるということがわかる。彼らは常識に従うことを拒む――自分と解剖学的に同型の、唯一の存在へと精神を認める代わりに、大理石やブロンズの塊のなかに、意図や観念を見ようと躍起になり、それらの物が語りかけてくるかのようにふるまう。美術館は、わたしたちのなかに賞賛や美的な快の感情を喚起する物を取り集める空間ではない。それは、無自覚の、集合的なアニミズムのカルトの寺院である。この寺院のおかげで、わたしたちは事物を愛し、自分と似た魂が、生物学的な生命をもたない一部の素材のなかに生きていることを認めることができる。

家はこれと同様の秘められたカルトの、私的な聖域である。個人的な美術館である。家が個人的な美術館であるおかげで、わたしたちは自分の身体の外で生き、わたしたちを取り巻く物――それがいかに無意味で美しくない物であっても――のそれぞれのなかに行き渡り、息づいているわたしたちの魂を発見し、思いを巡らせることができる。この魂は、衣服のなかに生きている。そしてまた、定期的に衣服を再生させる洗濯機、わたしたちをじっとさせてくれる椅子とベッド、本とそれが内包する世界、わたしたちが壁を飾る図像、日差しからわたしたちを守ってくれるカーテン、それほど注意を払わずに踏みしめるカーペット、毎朝わたしたちを救ってくれるコーヒーメーカーのなかに生きている。家のなかの物は、わたしたちの身体の延長である。その理由は、わたしたちの身体に活気を与えるのと同じ生命によって活気づけられているということだけで十分だ。そして家のなかの物はどれも、わたしたちの一部を内包しているのみならず、〈わたし〉が移し残した前のバージョンともなりうる。アニミズムに直面したとき、わたしたちは動転してしまい、〔誤って〕この関係を私的所有にかんするあまり洗練されていない用語で思考したり、また別のときには、同様に粗雑な装飾とインテリアデザインの用語で思考したりするよう強いられる。しかし、家に入ることはつねに、非物質的な精神と、生気のない物質のどこまでもつづく延長とで構成されたデカルト的宇宙を放棄することを前提としている。家とは時空間の襞であり、家のなかではどんな小さな一塊の物質さえもが〈わたし〉と言い、反対に、人格と感情、記憶、感覚は主客を区別できなくなる。わたしたちは物に生命を貸し与えるため、そして物のなかに、自分の身体が生み出したり住まわせたりすることのできないすべての魂を引き出すために、家を建てる必要がある。わたしたちが、亡霊や幽霊がいると想像するたびに心に描こうとしているのは、このことなのだ。精神（プシュケー）はどこでだって生きることはできるし、人間から物へ、物から人間へと自由に駆け巡る。家とは、このことからくる、明白で不安な徴候にすぎない。

5 キャビネット

わたしが住んだ最初のアパートは、海からほんの数歩のところにあった。そこに想いを馳せるとき、はじめに私の心に浮かぶイメージは、わたしが兄弟とシェアしていた部屋のバルコニーから数メートルのところにある、三本の巨大なカサマツのシルエットだ。それらは、ずっと永遠にその地に根づいているかのようにそこにあった。それらは、わたしと地平線のあいだにあった。視界を遮り、世界を護り導く者であるかのごとく、世界をほとんどまったく異なるイメージへと選り分けていた。宇宙(コスモ)の存在を背負う、三人の巨人のようだった。わたしのすべての歩みを守護し、わたしの眼差しに寄り添うことを務めとする〔ゼウスの息子たちである〕ディオスクロイ、〔美と優美の女神たちである〕カリスのようだった。カサマツの理想像、プラトン的な形式を具現化しているように思えた。それはフェリックス・ヴァロットンが、その最も有名な絵画の一つ「最後の陽光、あるいは木々のある風景」で扱ったカサマツであり、地中海岸を写したポストカードに見ることのできるカサマツであり、ローマの園庭やその周辺の田舎にあって、人間たちの宿縁を免れた場のもつ、時を超えた聖なる趣を与えるカサマツである。その幹は繊細で軽く湾曲し、その樹皮は赤みを帯び、深く亀裂が入っており、その長い枝は幹の先になってはじめて生え伸び――種の成体がみんなそうであるように――、開いた傘のかたちの丸い大きな樹冠を生み出していた。何年ものあいだ、この三本のか細い木はまばゆい光がなす高貴さのモデルとなっていた。

　わたしたちの屋根裏は、部屋のちょうど真上にあった。それは二つめのアパートのようなもので、空室であり、少なくともわたしたちの部屋と同じくらい大きく、奇々怪々なものでいっぱいだった。たとえば若いころに父が描いた、キリストと弟子たちの巨大な未完成のままの絵画、少なくとも当時のわたしの背丈の三倍ほどある、背の高い冷凍庫、古い家具、わたしの目には理解不能な玩具、仕事道具、そしてとりわけ、数えきれない量の衣類があった。そこは陰鬱な場所だった。光はとぼしく、足を踏み入れた記憶がない部分が多々あった。そこはわたしたちの苦手な場所だった。冷凍庫からなにかを取ってきたり、何かを収納したりする以外には、そこへ行くよう強いられることはなかった。

　しかし、鎖され、世界に向かう窓のない空間に長いあいだ留まるよう強いる、別の力があった。わたしの姉である。長い年月にわたって、彼女のお気に入りの暇つぶしは、弟とわたしが演じる活人画を製作することだった。わたしたちは定期的に誘拐され、生きた人形に変身させられた。この部屋に保存されたあらゆる衣服によって構成された、残酷でばかげたファッションショーのための人形である。そうした時間のあいだ、わたしには理解不能な論理にしたがってあらゆるものが姿を変えた。そしてわたしはまた、大勢の人物を受肉させなければならなかったことが原因の疲労感と、部屋から出るたびごとに襲われた茫然自失を思い出す。「ショーの終わり」に、わたしは屋根裏を満たしていた薄明りが、部屋の外にもあるのを見いだしたのだ。とりわけわたしが忘れることができなかったのは、このショーのなかで〈わたし〉自身になっているときに感じた陶酔である。この〈わたし〉のおかげで、永遠に眠り込んだ生きものたち、そして薄暗いアパートの部屋のかわいそうな住人たちは目覚め、ふたたび魂と出会うことができたのである。

屋根裏部屋は、洞窟のごとく、家の物の墓場である。そこは、ありそうもないよみがえりのための待機場所であり、ほぼすべての物が終身刑に服す、懲役のための空間である。家庭内の場所を論じるにあたって、屋根裏の反対、真逆にあるのはキャビネットである。キャビネットにしまいこまれるものはすべて定期的にそこから出てくるということだけでなく、家庭内ではない空間と対峙するために特別に考案された、家のなかの動く部分――衣服――が、そのなかに隠れているからだ。服はボートであり、船であり、車輪を必要としないキャラバンである。なぜなら、服はわたしたちの身体にはりつき、わたしたちは世界で生きるためにそれらを用いるからだ。服のおかげで、家は壁が繋ぎとめる場所に限定されない。家は一種の動く飛び地領土のなかに延長され、わたしたちの身体の細かな動きのひとつひとつに、限りなく正確について回るのである。服のおかげで、わたしたちは根本的には家からけっして出ることがない。わたしたちは家を背負い、第二の皮膚へと変様させる。服のおかげで家は、巨大なコンテナから姿を変え、世界を選り分ける繊細で機敏な乗り物となる。反対に言えば、服――家の動く流出物――のなかで、家は私的なもの、見えないものの空間であることをやめ、顔を変えつづける個人を現前させる、たえず動きまわる公的なスペクタクルとなるのである。

だからこそ衣服と家は、別々に研究することができない。服は、境界線の外からも中身が見えるようにするショーウインドーとなった家であり、家は、それを着るもののあらゆる変様をしまいこむ、精神的なキャビネットとなるまでに拡張された衣服である。わたしたちは服に入るようにしてアパートに入り、服に住むようにしてアパートに住むのである。反対に言えば、家がわたしたちの身体と魂になすことは服がわたしたちになすことの帰結ととても似通っている。家は事物が主体となる空間であるだけではない。それはあらゆる事物がわたしたちの主体性の義肢となる場でもある。だからこそわたしたちは家とはなにかを理解するやり方と同じモードで、衣服とはなにかを定義しなければならない。ほかの人工物とはまったく異なり、あらゆる服は、主体性が特定の仕方で存在しうるために特別に考案されたものだ。ところでファッションを通じて、わたしたちは家のなかにいるということの観念をたえず別様に描く。デッサンされ、案出されたあらゆる服は、地理的でない場、つまり、部屋や浴室、台所とは一致しない場でくつろぐということの、物質的な表現である。わたしたちの身体と切り離せなくなり、どこへでもついてまわることができるようになった、幸福の観念である。服のおかげでわたしたちは、家がつねに少なくとも二つの身体をもっていると理解することができる。一つは動き回ることができ、もう一つは動かない。一つは無機的であり、もう一つはそれよりは延性をもつ。一つは純粋な内在性からなり、もう一つは純粋な外在性からなる。これから家とファッションはますます一致するであろうし、一方の運命は他方の運命とますます結びつくであろう。

信じられているのとは違って、現在のファッションのシステムは、既存の、あるいは人類史のあらゆる時代に追従してきた着衣の形態を、工業的あるいは美的な仕方で、現代的に現れさせているにすぎないわけではない。ファッションとは、わたしたちが土地ごとの文化に応じて、あるいは民俗や宗教的なアイデンティティに応じて、悪天候から身を護るために、さまざまに着こなしてきたことのただの表現ではない。かといって、ファッションはわたしたちの着こなしの好みのバリエーションがもたらす、ただの帰結でもない。現在のファッションのシステムが始まったのは、衣服が、それを着る者が誤解の余地なく、ある社会階級に限定されるということを意味しなくなったとき、そしてまた、好みのバリエーションがもはや、一過性の出来事であることをやめ、その目的が、一部の人々が他の人々に対して経済的かつ文化的に上位にあることの表現でしかない美学であることをやめたときである。衣服が潜在的には誰でも、その階級や資産とは無関係にアクセスしうる、新たなあり方を発明したことを、そのつどかならず表現するときに、ファッションのシステムは始まるのだ。ココ・シャネルが、男性ファッションのラインと生地を使った「新たなシルエット」を発明したとき、彼女はすでにいくつも存在した〔消費自体ではなく誇示することを目的とした〕誇示的消費の新たなチャンスを生み出したのではない。むしろ彼女は反対に、これまでとは異なる女性のアイデンティティを可能にし、表象の強制から女性を解放し、働いてスポーツに没頭することができるようにしたのだ。家もそれと同じことをするはずだ。つまり家は、道徳的アイデンティティを作り出す。

この観点からみれば、ファッションが始まるのは、衣類の生産と製造のシステムが、前世紀の初めにあった前衛芸術プログラムの遺産を意識的に引き受けることによってである。つまり、芸術と生活を一致させるプログラムである。服を着ることはとりわけ、芸術作品全体を具現化することに適している。それは、あらゆる個々人がもたなければならない人工物、そして彼らが自分の社会階級、資産、宗教、性的指向、イデオロギーにかかわらず用いる人工物なのだ。服とは、あらゆる人が生全体を通じて、日々、昼夜を問わず用いる物である。芸術の規則にしたがって生み出されるあらゆる他の人工物とは異なり、服は居住空間、美術館の展示室を飾ることに限定されない。わたしたちはそれを自分の身体に着けて、一種の呪符のように用い、さらには空間的な乗り物として用いる。服はあらゆる場所でわたしたちを運転し、わたしたちの社会的で物理的な相互行為、わたしたち自身との、そして他者たちとの相互行為を媒介する。服によって、芸術はどこへでも、いつでも、皮膚のうえに存在する。服によって、芸術はわたしたちが沈みこむものとなる。美学的な考察の対象ではなく、わたしたちの生活空間であると同時に手段でもあり、それによってわたしたちは世界と自分自身を知覚し、自分を他者たちによって見られるようにする。芸術は経験——どんな経験であれ——を構築するメディアである。このことによってファッションは——どんな芸術的経験よりも——トロイの木馬であって、芸術を、あらゆる地理的、文化的風土のもとで、あらゆる人間の日常生活に入りこませてきた。芸術分野の一つである以上に、あらゆる芸術が混ざりあい、一つになって、わたしたちの身体と生を変形させる場なのだ。

　したがってファッションとは、芸術からメディアを、自己を構成する形式を作る試みである。それは、現代社会の文化的生活においては、副次的な側面ではない。それは、権力をすべての個人へと割り当てる、デモクラシーの観念の最も極端な表現である。それは、デモクラシー空間におけるアイデンティティがア・プリオリに与えられるのではなく、共同の交渉と構築の対象であるということの表明である。これはもともとライフスタイルという概念によって解されてきたことだ。ライフスタイルの観念はゲオルグ・ジンメルとマックス・ヴェーバーが社会学に導入し、アルフレッド・アドラーが心理学に導入したもので、実存の美学化とは無関係である。それは、生物学的であれ民俗的であれ、宗教的であれ経済的であれ、文化的であれ性的であれ、いかなるアイデンティティの形式によっても、あらかじめ個人が規定されてはならないとする社会において現れる構造である。ジンメルは、近代の資本主義の真の道徳的企図を明らかにした。つまり、社会を構築する手段としての金銭の肯定は、階級や民俗、宗教といった、継承された社会構造から個人を解き放つのである。近代の個人は、このようなかたちのアイデンティティに対して、精神的で文化的、道徳的な次元に基づいて生産され、構築された、別のアイデンティティを対置することができる。したがって、アイデンティティとは人工物、つまり技術的かつ芸術的な生産物である。アイデンティティとは、人工的な結果であるかぎりで、恣意的な行為の帰結である。スタイルという概念が表現しているのはこのことだ。なぜなら、ゴンブリッチが書いていたように、「スタイルとは、ある行為が達成され、またある物が製作される、もしくは、それが達成されたり製作されたりしなければならない、特異で、それゆえ認識可能な方法である」とすれば、「多様な表現形式のうちから選ぶことができないならば、スタイルは問題になりえない」ということもまた確かだからだ。[1]

アイデンティティを人工物に変様させることのできる技術として、あらゆる服はアイデンティティを、自然的本性というより恣意的行為の表現にする。わたしたちは、自分が受け継いできたもの（国籍、民俗、文化、言語）ではなく、自分でそうなろうと決めたものであり、そしていつでもそうであることをやめることのできるものなのだ。この観点からすると、ファッションは、道徳的な「習俗（クチューム）」をも意味する、衣装（クチューム）とは真逆である。古代ローマでは、衣装の役割は〈昔ながらの美風（モス・マヨルム）〉の再生産であり、その不可動性にあった。ファッションはその反対に、道徳としての着衣を揺り動かすことを伴う。ファッションのなかに実現された規範性は、道徳と、わたしたちの着衣の方法のコンスタントな革命を生み出し、それゆえ〈最新の習俗（モス・ノウィッシモルム）〉と一致する。この習俗は、一種の逆説的な伝統（ラテン語の「モス」はフランス語の「クチューム」と同様、道徳と伝統を同時に意味する）であり、コンスタントに更新されなければならず、安定しているのは新しいものへと向かうことだけである。この意味で、ファッションはローマにおいて、検閲に真っ向から反対するものだった。つまり、ファッションは「新しい悪行を罰し、古い習俗を復活させる」（castigare ［…］ nova flagitia et priscos revocare mores, liv. 39, 41, 4）代わりに、古代の悪行を罰し、新しい習俗を喚起する ［priscos castigare mores et novos advocare

1　エルンスト・H・ゴンブリッチ『美術の物語〔新装版〕』天野衛ほか訳、河出書房新社、二〇一九年。

habitos]ことを目指す。伝統的なふるまいをコード化するかわりに、ファッションは新しさを称揚する。ファッションのおかげで、わたしたちとアイデンティティとの関係は可動的で、皮肉的で、不確実である。つまりそれは、新たな要素と形態によって古いものとふたたび出会ったり、それを取り除いたりするように各人を駆り立てる、変化のリズムによってもたらされるものなのである。

わたしたちが衣類を用いて、自分のアイデンティティを絶え間ない構築の対象となすとすれば、それはこの対象が、最も微妙な精神的差異を感知することができるからだ。現代の着衣が表現する差別化(ディスタンクシオン)は、社会階級を区別する、たんなる経済的かつ社会的な隔たりとは、何の関係もない。[2] 着衣のシステムがファッションとなるのは、それがたんなる社会階級や地位の差別化のみを意味するのをやめ、性差や、あるいはさらに微妙な、性格、または階級や性差への内的傾向の違いを肯定するようになるときである。重要なのは、自由にできる所得の違いではなく、同程度の所得を各々がどう用いたかを表現することなのだ。

他方、操作の対象となるアイデンティティは、それを取り巻く製品である人工物から物理的に分離できない。現代において個人は、主として彼が用い、彼の身の回りにある物を介して構成される。反対に、人工物、なかでもアイデンティティの構築に貢献するように作られたものは、美的であれ経済的であれ、その機能や価値によって規定されることがますます少なくなり、代わりに道徳的効果を獲得するようになる。物は、それを身に着ける主体の変様を可能にするはずである。それは性格の増幅装置である。客観化され物化されたアイデンティティ、「既製服（プレタポルテ）」のような自己として、あらゆる衣服は性格とアイデンティティに、客観的で公的な特徴を与えることを可能にする。性格とアイデンティティは、もはや純粋に心理的なものではない（そしてそれゆえにこそ伝達可能なものとなる）のである。衣服は物の属性となり、そして意識の表現となる。そのことによって、ジンメルがそう書いていたように、「近代の過剰な主観主義がそこに対位モチーフを見いだし、そこに隠れる」隔たりを作り出すことができる。衣服は、客体（オブジェ）＝物の質によって感情と態度を体現しうる場であり、同時にそれは、客観的な領域と主観的な領域のあいだの翻訳と融合の場である。そしてだからこそ、わたしたちは衣服によって、自分の性格と自我とを補完することができるのである。あらゆる感情、情動、心理的態度は純粋に精神的な事柄というわけではなく、物質的な世界の生理学とならなければならない。意識とは衣服のなかに存在するものであり、色、形、サイズの謝肉祭（カーニヴァル）なのだ。道徳は人間固有の能力ではなく、人間が物を介してのみ獲得できる力なのだ。自己について語ることはもはや、

2　社会学者ピエール・ブルデューの語で、とりわけ支配階級にみられる趣味嗜好と、それ以外の階級のものとの隔たりを示す。ブルデュー『ディスタンクシオン』Ⅰ・Ⅱ、石井洋二郎訳、藤原書店、二〇二〇年。

行為、態度、性格、意志について語ることではなく、とりわけまず、わたしたちが着る物、その形、性質について語ることであり、より正確には、衣服がわたしたちや他人の性格に対して及ぼしうる力能について語ることなのだ。

衣服とは、自分と物とを、身振りと道徳について同等にすることである。服はわたしたちの自己を、わたしたちが使用し、生産し、想像し、購入し、消費する物のなかにあるものとして表象する。ここで、自己とはもはや、わたしたち自身と、わたしたちが生産し使用する物とを区別するものではなく、主体と世界、意識と物質的世界とのあいだのあいまいな焦点である。ウールのネクタイは、わたしの顔や手よりも自分の性格を表わしているように思えるし、わたしがはく靴は、わたしの肺や髪よりも本来的な仕方で、自分の自由への欲望を抱いているように思える。ファッションは、わたしたちが自分自身の身体に住まうかのように世界に住まうことができると発見することで可能となる。わたしたちはこの世界の一部とともに、解剖学というよりも、ある種の共同生活を築いている。それは、宇宙（コスモス）の精神的かつ身体的な地図を、すっかり描き直すように強いる。魂は人工物であり、わたしたちが用い、たえず入り込んでは捨て去る、可動的で無機的な身体である。わたしたちの魂は〔泥人間〕ゴーレムであり、神経の通わない身体、諸感覚器官をもたず、口を欠いて、大きくなることも話すこともできない身体の一部である。わたしたちは魂を知覚できず、それとともに成長することはできないけれども、わたしたちは一瞬のうちに、一塊のウールや革やコットンやポリエステルのなかに自分を見いだす。あらゆる衣服の抱える驚くべき事実とは、まさしくこのことにある。魂（プシュケー）とは、繊細なうつろいなどではなく、無機的な身体であり、脳や感覚に依存しない身体であり、鼻の曲がり方、髪の色よりも、テーラード・ジャケットやズボンのなかで、より鮮やかに発見されるものなのだ。魂は、わたしたちが他の身体と自分を区別したり、何十年ものあいだ棲みついてきた物質である自分の身体を手直ししたり、わたしたちの死後に蘇生したりすることを可能にする力ではない——魂とは、わたしたちが、いかなる分子であってもそれに入り込むこと、そしてまた、有機的あるいは血縁の関係をまったくもたない身体のなかで生きることを可能にする力なのだ。魂は人間とそれ以外の形態の生きものとを分離するエネルギーではなく、生きものが、生きることができないすべてのものと混ざりあうことを可能にするものなのだ。魂とは、世界からわたしたちを分離する境界線ではなく、わたしたちが世界の含むあらゆる場所に入り込むことを可能にする鍵である。服は——魂と同じく——、人々、文化、時代、感情を分離するのではなく混淆させる役目がある。服は、諸々のアイデンティティを相互浸透させ、循環させる手段なのだ。わたしたちは、わたしたちが住まう服のおかげで、つねに他の誰かの魂を身に着けることができ、反対に、つねにまったく知らない身体を訪れる亡霊でありうるのだ。

　服はわたしたちのうちで、あるいは外で、心象風景を変化させる。そのことでもまた、服は家の変異体である。服が現れる場所で、空間はたんに公的なものであることをやめる——服は個人的な意志によって折り畳まれたものであり、もはや万人に開かれてはおらず、一つの性格によって定義される色、形、感覚を手に入れるのだ。

探索用の潜水服、あるいは決まったテリトリーや何らかの空間に固定する欲求をもたず、わたしたちにどこへでもついてくることのできるテント——そうしたもののように、衣服はあらゆる場所を変様させ、みずから実質的に家に変様する。ファッションを介して、わたしたちはもっぱら、自分の〈家のなかにあること〉に別の形態を与えている。他方、わたしたちのアパートは、あらゆる服に体現された精神的な力をもつが、この精神的な力はアパートのなかでその絶頂に至る。衣服と家はどちらもわたしの代補となる。わたしたちは自分の精神的な生を構築し、その生に形態を付与しうるために、それらを欲する。わたしたちは家と服を製作するが、それは身体を保護するためではなく、身体が魂にとって十分ではないからだ。自我はつねに社交的＝世界的であり、わたしたちの身体の外に生きている。わたしたちは、世界によって支えられなければ、けっして〈わたし〉と言うことができないだろう。

あらゆる衣服が住居のパラダイムだとすれば、わたしたちは、服と同じ眼差しで世界を見ることを学ばなければならない。そうすればわたしたちは、家が決定的に自分の性質を反映していなければならないという考えから解放される。わたしたちは家を一種のユニフォームとすることに慣れている。わたしたちはその衣服を脱ぐことを望まないし、自分の皮膚と一致するかのようにふるまう。衣服が特定の身分への帰属を表すべきであり、ある種の豊かさを露骨に見えるようにすべきであるのならば、わたしたちは家にかんして、いまだに奢侈禁止令の時代にとどまっているかのようである。家を集合的なかたちで、それも、ありうる最も強力なかたちで考えることによって、わたしたちは家を空間というよりは精神的なものと見なすことができるようになるであろう——そして家を所有財産あるいは遺産として残すべきものとする、世襲的かつ家父長的な論理から解放されうるであろう。わたしたちは、たった一つの家に住まうという考えを捨て去り、服を着替えるように家を替え、まるで他者の服に入り込むように、他者の家のあらゆる場所に入ることを学ぶべきだということになろう。つまるところ未来の家は、Airbnbによって実現された論理の、ある種の拡張であり、ラディカル化に近いものになるはずだ。わたしたちは季節ごとに家を替えなければならないことになるだろう。季節が変わると衣替えしたくなるのとまったく同じように。

6　双子

長年のあいだ、最も明白に家という観念を表現してきた写真がある。白黒の画像だが、時とともに黄ばんでいる。写っているのは、野原ではしゃぐ二人の金髪の幼い子どもだ。足元がまだとても心もとないので、だいたい一歳くらいのはずだ。一人はジーンズと白地に黒いストライプの入ったTシャツを着て、写真のちょうど真ん中にいる。彼は挑戦的な感じで、腕を広げて目的のものを見ている。観察している人に向かってうまく走るためにそうしているかのように。もう一人は彼のうしろ、一〜二メートル離れて、サロペットを着ている。彼はできるだけ早く一人目に追いつこうとしているようだが、そのせいでバランスを崩し、いまにも地面に倒れそうになっている。二人の子どもたちから遠く離れた背景には、一人の女性が座っている――彼女は、写真のフレームからは大部分がはみ出ている別の人物に、向き直って話そうとしているようだ。わたしにはこの写真がどこで撮られたのかまったくわからない。わたしが子どもの頃、この写真は家のなかをめぐっていた。フォトアルバムをめくるとき、旅や過去のスライドを映写するときに、家族のポートレイトを眺めながら、他の写真とともに、この写真はためつすがめつされてきた。(いまでは日常的な考古学の一部をなしているのだが、)奇妙で非現実的な夜の時間に、風変わりな練習問題の対象になっていたものだった。

わたしの両親、とくに母は写真と家族の記憶の守護神なのだが、彼らはこの写真をよく手に取り、あれこれ言ったものだった。そしてわたしたちと一緒になって、人物当てゲームの逆バージョンのようなものに加わった。写真に写っている二人の少年は、実際には、双子の兄弟である、マッテオとわたし自身である。練習問題が必要なのは、みんながわたしたち二人をいつも、現実であれ、写真であれ、混同してきたからだ。ほとんどすべての双子と同じように、わたしは自分の名前と兄弟の名前にほぼ区別なく返事するのに、長年慣れっこになっていた。わたしはことあるごとに、そして人によって、(本当の)エマヌエーレであり、あるいはマッテオと混同された「エマヌエーレ」、あるいはエマヌエーレと取り違えられた「マッテオ」であった。ほとんどの双子と同様に、他者の眼差しのなかでは、兄弟とわたしは完全に交換可能だった。そしておそらくそれは、他者の眼差しのなかだけではなかった。

わたしたちに、たとえば実際に誰が誰であるかといった問題が(少なくとも見たところ)生じていないならば、問題の画像が示すのは、わたしたちの確実性が明らかに、思っているより不確かなものであるということだ。少なくともわたしは、幼少期の写真について自分がどちら

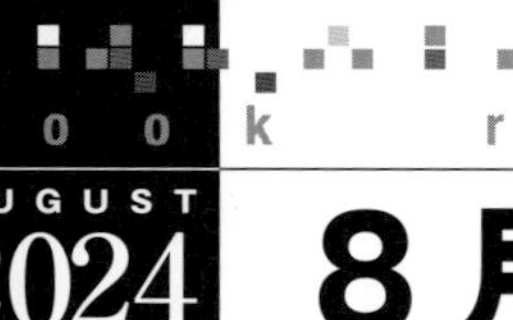

8月の新刊

勁草書房

〒112－0005 東京都文京区水道 2－1－1
営業部 03－3814－6861 FAX 03－3814－6854
ホームページでも情報発信中。ぜひご覧ください。
https://www.keisoshobo.co.jp

図書館情報学概論［第2版］

記録された情報の力

デビッド・ボーデン・
リン・ロビンソン 著
田村俊作 監訳・塩崎 亮 訳

好評を博した初版をバージョンアップし、最新動向をアップデート。情報学の基本概念を理解し、諸課題をつかむための重要テキスト。

A5 判上製 480 頁　定価 6820 円
ISBN978-4-326-00061-6

双書現代倫理学 8

利他主義の可能性

トマス・ネーゲル 著
蔵田伸雄 監訳

現代アメリカの代表的哲学者ネーゲルの最初の著書にして、その基本的立場を明確に示し倫理学の展開に影響を与えた名著、遂に邦訳！

四六判上製 288 頁　定価 3520 円
ISBN978-4-326-19974-7

市民ワークショップは行政を変えたのか

ミニ・パブリックスの実践と教訓

長野 基

インターネット・メタバースと商標の保護

権利形成から商標権侵害まで

青木博通

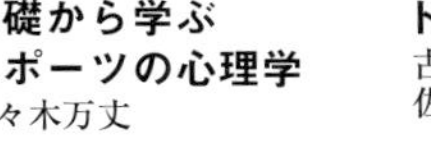

四六判上製 296 頁　定価 3630 円
ISBN978-4-326-65445-1

8月の重版

けいそうブックス
実践・倫理学
現代の問題を考えるために
児玉 聡

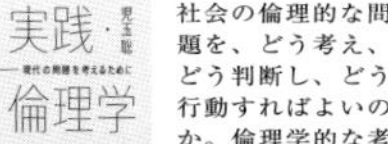

判断の難しい現代社会の倫理的な問題を、どう考え、どう判断し、どう行動すればよいのか。倫理学的な考え方を学びたい人に向けた道案内。

四六判半上製 308 頁　定価 2750 円
ISBN978-4-326-15463-0　1 版 7 刷

基礎から学ぶ スポーツの心理学
佐々木万丈

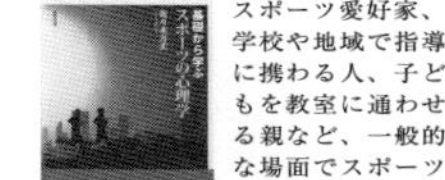

スポーツ愛好家、学校や地域で指導に携わる人、子どもを教室に通わせる親など、一般的な場面でスポーツに関わる人向けのテキスト。

A5 判並製 192 頁　定価 2420 円
ISBN978-4-326-25134-6　1 版 4 刷

ドローンが変える戦争
古谷知之・伊藤弘太郎・佐藤丙午 編

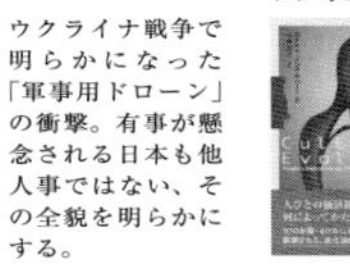

ウクライナ戦争で明らかになった「軍事用ドローン」の衝撃。有事が懸念される日本も他人事ではない、その全貌を明らかにする。

A5 判上製 280 頁　定価 3960 円
ISBN978-4-326-30338-0　1 版 2 刷

文化的進化論
人びとの価値観と行動が世界をつくりかえる
ロナルド・イングルハート 著
山﨑聖子 訳

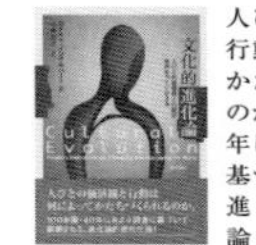

人びとの価値観と行動は何によってかたちづくられるのか。100か国・40年におよぶ調査に基づき展開される、進化論的近代化論！

A5 判上製 288 頁　定価 3630 円
ISBN978-4-326-60318-3　1 版 2 刷

日常に侵入する自己啓発
生き方・手帳術・片づけ
牧野智和

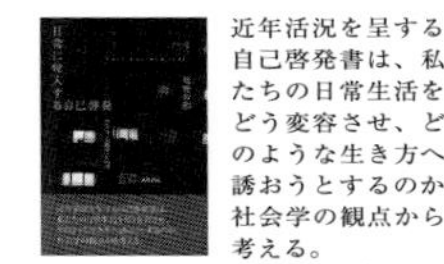

近年活況を呈する自己啓発書は、私たちの日常生活をどう変容させ、どのような生き方へ誘おうとするのか。社会学の観点から考える。

四六判上製 352 頁　定価 3190 円
ISBN978-4-326-65393-5　1 版 5 刷

入門ミクロ経済学 [原著第 9 版]
ハル・ヴァリアン 著
佐藤隆三 監訳

ミクロ経済学の山頂を究める、全米の大学で採用されている最良のテキストの最新版。「計量」の章及びメカニズム・デザインを新たに追加。

A5 判並製 720 頁　定価 4400 円
ISBN978-4-326-95132-1　4 版 5 刷

A5 判上製 292 頁　定価 5500 円
ISBN978-4-326-30345-8

ら読み解く。
A5 判並製 232 頁　定価 3300 円
ISBN978-4-326-40425-4

ベトナムの挑戦
2045 年高所得国入りを目指して

木村福成
グエン・アイン・ズオン
坂田正三　及川景太
岩崎総則　山田康博 編

2045年迄に高所得国入りを目指すベトナムは一貫した成長軌道を歩まなければならない。成長を導く7つの重要セクターを紹介する。

A5 判上製 608 頁　定価 9900 円
ISBN978-4-326-50501-2

日本の女性のキャリア形成と家族
雇用慣行・賃金格差・出産子育て

永瀬伸子

現代日本の女性を取り巻くここ30年余の変化を見据え、仕事と出産・子育ての両立を阻む構造的実態、その問題の所在を明らかにする。

A5 判上製 528 頁　定価 5940 円
ISBN978-4-326-50502-9

経営戦略論
戦略マネジメントの要諦

雨宮寛二

企業経営を社会科学としての視座だけではなく、実学としての視座からも捉え解明。注釈や図表を活用して、理解の手助けをする。

A5 判並製 200 頁　定価 3190 円
ISBN978-4-326-50503-6

東アジア長期経済統計　第 1 巻
経済成長と産業構造

渡辺利夫 監修
茂木 創・吉野文雄・釣 雅雄

東アジアの経済社会発展の軌跡を追うための、長期かつ比較可能性をキーコンセプトに収集した「知的インフラ」ここに完結。

B5 判上製 352 頁　定価 19800 円
ISBN978-4-326-54785-2

であると認識できたためしがなかった。わたしたちの母がわたしたちに習慣化させていた練習問題は、それゆえ治療的な機能をもっていた。わたしたちはそのことによって、自分の精神に秩序とアイデンティティを取り戻し、視覚的かつ形態学的で確かな系譜学のなかに自分を根づかせた。母は繰り返しこう言った。「あなたは楕円の顔をしていて、あなたの兄弟は鼻が平べったいのよ」。

母がわたしたちに課した、幼少期のポートレイトから作り出された、この少しあいまいな人物研究(プロソポグラフィ)が、わたしたちにとっては効果的なものであったことはなかった。毎度、わたしたちは初めからやり直しで、ブルジョワ的な内容についての、チェザーレ・ロンブローゾの人相学のような解釈学を、新たに自分たちに適用しなければならなかった。わたしたちはもう一度、自分の顔をもう片方から区別し、もう片方よりはこちらの身体が自分らしいと認識し、明晰判明な思い出を記憶のなかに彫りこむことを、自分に強いる必要があった。それは、ラカンが「鏡像段階」と呼ぶものの、不可能な儀礼を行うことに少し似ていた。ラカンによれば、子どもが行動の不能と食事の依存とから決定的に解放されることができるようになり、そのことで、理念的な「自我」の構築を通じて自己を強化するのは、子どもが自分自身の姿を鏡に認め、親の眼差しという権威のもとで、その姿と自分を同一化するようになるときだけである。この理念的な「自我」はまた、欲望の標準化を可能にすることになる。わたしの場合は、回帰と過剰な反転とが重要であった――わたしは自己同一化に失敗しただけでなく、母の眼差しはつまるところ、わたしの姿だけにとどまっているよう自制することができないように見えた。つまり、あたかも母の眼差しが一人の姿からもう一人の姿へ移行するよう強いられているかのように、そしてそのことで、わたしをもう一人の身体から切り離す境界線をそのたびごとに消去するよう強いられているかのように思われたのである。

この練習問題は何度繰り返されたとしても、わたしにはとても面白かったし、望みもなく何度も失敗してしまうこと、不可避的に失敗へと向かってしまうことこそが、わたしの目には楽しいものと映ったのだ。自分が誰かを知ることができない経験にたちまち直面していると気づくことが、わたしは大好きだった。他人と混同されることが、わたしを楽しませた。わたしを楽しませたのは、他者のアイデンティティのうしろに、よりうまく言えば、そのなかに、自分が隠れているという事実だった。

この練習問題のなかには、捉えがたい何かが、深く陶酔させる何かがあった。しかしそれがわかったのはもっと後になって、もっとずっと後になってのことだ。わたしは青年時代に学業のために両親の家を離れ、数年後にはイタリアを去った。この写真と、それがきっかけとなり、痕跡となり、形態となった奇妙な精神的経験は、長い年月のうちに、忘却のなかへ沈んでいた。それから何年も経って、わたしが娘とともに両親の家を訪れたときまで忘れていたのだ。娘は、わたしと兄弟が写真に写った年齢ぐらいだった。家の戸口をまたぎ、階段をゆっくり一歩ずつ上がったときだ。階段の壁は、過去の写真、両親の幼い頃の写真、わたしの写真、わたしの兄弟と姉妹の写真で文字通り埋め尽くされていた。娘はそれらの子どもたちをみんな見て、おばあさんの家に堂々と鎮座しているそれらの人物が誰なのかと考えはじめた。階段を上がったところに額装された写真、数々の写真でできたモザイク画のなかに隠れたその写真と、長い年月を経て再会することになったのは、そのときだった。このモザイク画は、家のその部分を、非宗教的な祈りのためのチャペルの一種へと変様させていた。わたしはこれまで何年も、何十回もその前を通り過ぎていたが、それをしかと見ることはなかった。娘の眼差しが、わたしに再発見させてくれたのだ。あたかもラカンの鏡像段階が反転されたかのように。ラカンの場合、大人が子どもに、その子の真の像(イマージュ)を証示することでアイデンティティを確かめさせることができるのだとすれば、この場合には娘が、わたし自身の身体の像を認めることの奇妙な不可能性の前に連れ戻してくれたのだ。

この新たな出会いは、楽しいと同時に不安にさせる〈マドレーヌ〉[1]として働いた。一方で、自分で自分の顔——わたしの、わたしだけの顔——を見分け、自分の過去——わたしだけの過去——に出会い、自分の幼少期に異論の余地のない広がりを与えることが、いかに不可能なことかを知って、わたしは心から驚き楽しんだ。文章にすると簡単なことのように読めるが、そのときは、わたしがどこにいて、二人の子どもの体のどちらのなかで歩いていたのかを娘に言うことができなかったことを思い出している。他方で、その状況は不安なもの、とても不安なものでもあった。なぜなら、わたしの兄弟はその間に亡くなっていたからだ。あの練習問題を再び行うこと、もう一度視覚的に、わたしたち二人の運命と同じくわたしたちの顔を区別することの不可能性に向きあうことで、わたしは喪の不可能性、つまり、彼の死とわたし自身の生を分離できないことに直面することになった。この写真と再会することは、トラウマの二重化として働いた。喪の困難あるいは不可能性は、感情というかたちで現れただけではなかった。わたしの目の前にある鏡像というかたちで出現したのだ。すべてを混ぜあわせる無意識的なものは、もはやわたしの精神の地下深くにあるのではなく、わたしやみんなの目の前で、白日のもと、あまりにも可視的で目をくらませるものであり、ほとんど致命的なもののようだった。そのときはじめて、わたしは気づいた。この写真が、自己意識からくるごく普通の行為によっていかに変様をもたらしたのか。わたしたちが双子であることで自己認識を妨げていた、度を越した認知的混乱のもつ意味を、この写真がいかに変様させたかに気づいたのだ。この写真はわたしの〈コギト〉、つまり「わたしはある」と述べる仕方となり、ほとんど運命づけられた、はてしない精神的な練習問題となっていたのだ。そしてとりわけ、この写真はわたしと世界との関係を規定する形式となっていたのである。

「家」はある仕方で、わたしにとってたいてい失敗する運命にある絶望的な試みの名前である。それは、幼い子どものころからこの写真がわたしに課してきた感情、態度、あり方を敷衍し、反復し、そしてとりわけラディカル化する試みである。わたしはこれについて、秘密にしておくべき特殊な嗜好なのだと、長いあいだ考えてきた。しかしこの経験に隠されたもの、見えないものはない。反対に、すべてがそこに、写真のなかに、明白に見えるものとして存在する。わたしたち兄弟のうちどちらも、自分の顔を見分け、知識と知覚とを結びつけるのに成功したことはなかった。さらにうまく言うならば、わたしたちは二人とも、そのことを知りすぎていたのだ。なぜなら問題は、わたしたちが誰かを知ることではなく、自己についての可能な二つの知、可能な二つの顔をいきなり所有する状況にあることに気づくこと、そしてそれらの二つの知のうちでどちらかを選ぶことができないことが問題だったからだ。この経験は、「わたし」と言えないことにあるのではなく、少なくとも二度言うことができることにあるのだ。これはさらにずっと奇妙で記述困難なものだ。わたしが直面したのは、自分の幼少期の思い出

1　プルーストの『失われた時をもとめて』の第一巻で、主人公がマドレーヌを口にすると、たちどころに過去の記憶がよみがえった、というくだりを指している。プルースト『失われた時を求めて（1）――スワン家のほうへI』吉川一義訳、岩波文庫、二〇一〇年。

の消失ではなく、その仮想的な二分割なのだ。わたしは自分の身体なしに生きることを強いられたのではなく、自分の魂が身体や臓器なしに生きることを見たり感じたりしたのでもない。反対に、身体に対して一つきりの魂を与える、といった風には、自分の魂を身体に割り当てることができないことに気づいたのだ。わたしにとって、家とは、つねにこの深い断層を生む陶酔をもたらす場であった――それは道徳的であるのと同じく存在論的な陶酔であり、幼少期からわたしのなかに喚起されてきたものだ。

陶酔――この写真はそれ自身のなかにあまりに多くの可能性を有しており、すべてを同様に正当で、不正確で、不安定なものへと変えてしまうように思われる。いかなる瞬間、いかなる人物であっても、〈他者〉と〈他者たち〉、わたしの兄弟とほかの双子たちは、わたしのところにやってきて、わたしが自分だと思っているものであるふりをすることができる――それは写真のなかでだが、現実でもそうであるかのように。そしてとりわけ、いかなる瞬間にも（そしてここに、双子性のなかでさらに困難なものが存在するのだが）、〈他者〉がわたしの存在を受肉し、そして、わたしよりもずっとうまく受肉しうると考えることができるのだ。

この写真はしばしば描写されてきたもの、双子であることの経験が日常的に、親密な仕方で、明白なレベルで与えるものを表現している。しかし他者へ開かれていることへの命令、世界で最善の意図をもって、かくも頻繁に繰り返されてきたこの命令が重要なのではないし、じめじめした説教じみた教理問答（カテキスム）がいつも変わらず背景とするものが重要なのでもない。他者を尊重せよとか、隣人を自分と同じように愛せという勧告が重要なのでもない。むしろそこにあるのは、同一性（アイデンティティ）、よりうまく言えば、自己と他者の一致が、存在論的事実であり、道徳的義務ではないということの証拠である。それは、わたしと他者のあいだの同一性が、想像よりもずっと気懸りで、驚くべきものであるという証拠である。この写真を前に、わたしが自分自身に差し向けられるということは、つねにわたしが他者から区別できないということ、自分を兄弟の顔がもつ特徴のなかにも完全に見いだすことができるということを示している。この顔と同一性の過剰さは不安を抱かせるものでもある。なぜならそうした過剰さは事実上、限りなくつづくものであり、デカルトの〈コギト〉をシュールなバージョンへと、つまり、価値を転覆させる謝肉祭のようなバージョンへと書き改めるよう強いるからだ。

鏡の前に立つアリスのように、この写真はつねにわたしにとって、内側と外側の完全な交換可能性の決定的な証拠であった。わたしのなかで、わたしの親密さの奥底で、わたしはつねに世界を、外の現実を再発見するのだ。わたしの兄弟はその一部でしかないし、運命の奇妙な気まぐれによって、わたしに似せて、わたしに倣って生み出された標本でしかない。あるいはおそらく、わたし自身も兄弟に似せて、兄弟に倣って、彼と同一にかたどられたのだろう。そしてその結果わたしは、外の広大な世界と、わたしの皮膚と地平線のあいだに拡がるすべてのものと識別不可能なのだ。そこでまた問題となるのは、認識や反省的意識の欠如ではなく、それらの過剰さなのだ――わたしの内側と外側に「自己」が存在し、内観を知覚に、臓器を道具に、自己を世界に変様させ、あるいはその逆に変様させる境界線を固定することはできないのだ。

したがって、こうした深淵は認知的または道徳的であるだけではない。それは、宇宙規模の誤りに直面しているのに気づくようなものだ。認識のメカニズムにおける難問が問われているだけではない。ここで最も恐ろしく陶酔させるのは、わたしのなかにあり、わたしの存在に最も近しい生――心臓、脳、ＤＮＡ――、わたしをたえず生み出しつづけてきたこの生が、あらゆる他のものと正確に同じであるということだ。他所とわたしのなかに同時に、そして同等の権利をもって存在するこの同じ生、わたしの内と外で生きることができるこの同じ生についてじっと考えることは、わたしにとって家の根本的な経験であった。わたしと兄弟の身体は、正確に同じ生、未規定で変幻自在で雑食の生、他所へ行くことができ、別の物へと変化し、何にでも変様できる生を表現しているのである。

家とはつねに、複数の身体のあいだで、この同じ生が自由に循環する空間を築き上げることだ。それは、少なくとも一瞬のあいだ、人々や物が双子になることを可能にする一種の魔法なのだ。家は、わたしにかんしては、双子であることがもつ魔力だった。それは、自分をあらゆるものと同一化したいという無意識の欲望によって生み出された、諸々の形態である。それは、わたしの目の前のものが、一時的にその外見を失ったもう一人の双子でないという確信をどうしてももてないことによって、生み出された形態である。一匹のチョウになろうとするイモムシは、わたしとの類似性を忘れてしまっているが、秘密裏にわたしのなかにあった同じ生を保有している、といった風に。あたかも本当の双子、人間の双子がつねにそこに、可能的あるいは仮想的な他の双子のなかにいるかのようだ。あたかも世界全体が、拡散された双子性、つまり、もはや生物学的（あるいは宇宙的）ではなく地球的で具体的、本質的な双子性の、巨大なパレットでしかないかのようだ。これこれの友達、女性、男性だけでなく、大地、水、正午に食べた鶏肉、わたしがこの本を書くパソコン、わたしの電話、お金、わたしたちが呼吸する大気は、みな双子であり、偶像をもたない、宇宙的で、メタモルフォーゼ的な双子であり、わたしの生と息吹そのものを表現しているのである。

　家となった場合、双子性は他の存在を排除しつつ特定の諸存在を繋ぎあわせる特異な運命ではなくなる。それは、世界と社会の緯糸となる。双子性とはわたしと兄弟を繋ぐ関係ではなく、あらゆる存在が自己自身と世界とに対してもつ関係の形態なのだ。問題はある形態の見かけや共有ではなく、肉体の構造と同一性なのだ。世界内のあらゆるものは、同じ生を共有しており、諸々の形態の違いは、すべての生きものの根源的な誕生から積み重ねてきた、メタモルフォーゼの傷跡にすぎない。わたしたち宇宙の双子は同じ生を共有するが、各々がこの同じ生にさまざまな方向性、種的な屈折を与えるのである。

わたしは長らく、自分とありとあらゆるものとを同一化する傾向に直面し、病理、あるいはもっと重大なものにかかわるものとして、それと闘ってきた。ある意味では、たしかにそれは病理の一つだった。まず、それは道徳的な病理である。社会的で感情的な呪いが、双子たちにのしかかる。誰かとの絶対的な親密さという、禁断の愛の果実を味わったことの呪いである。それは、生々しく耐えがたいことの連続、つまり崇高で失敗した逢瀬、地獄と歓喜、口論と和解といったストーリーを経験しないままで、そうした親密さを味わったことの呪いである。約束と裏切り、希望と独白、忘却と驚異といった、曇ったロザリオの祈りを幾度も唱える必要がないままで「アーメン」と述べることができたことの呪いである。もう一人の双子との親密さは、文字通り、先史時代のものだ。それはあらゆる形態の経験、記憶できないほど大昔の、理解できないような経験、そしてなにより、それを体験した人々の目にさえ正当化できない経験より前に存在しているのである。わたしたちは互いに会ったり話したりしないままで数か月過ごしていても、一瞬で一方の魂が他方の魂の延長であると感じることができる。わたしの人生の最も大きな困難とは、この親密さが、多くの人にとっては長い共通の旅路のあとに時として到来する贈り物であると受け入れることだった。この贈り物はけっして旅立ちの前にあるものではないのだ。

エロス的愛がそれと異なるものでしかないと理解することは、さらに難しかった。エロス的な行為をすることは、わたしにとってつねに、両性具有のアンドロギュノスの神話[2]へと自分が延長されていくことだった。しかしそれはあらゆる比率から外れて多数化され、延長された神話である——あたかも自分の半身がどこにでもあり、あらゆる男女、物、出来事のなかに存在するかのようなものだった。おそらくだからこそ、わたしは誰とでも恋に落ちる——表層的な情熱のかたちが問題なのではない。わたしはいつも、自分の分身の前にいるという感覚をもつのだ。どこでも、いつでも。

存在論的な次元では、この病理は、世界の教理、宇宙発生論と自己の延長とを混同してしまう危険がある——全能感のせん妄である。しかし、あらゆる対象にもう一人の双子を認めることとは、我有化あるいは支配の意図とは真逆のものだ。それは自分の人格を相手に投影することではなく、反対にあらゆる対象や身体を、自己についての知の源泉としようと努めることだ。「宇宙的双子性」の世界では、自己について知ろうとする行為はすべて、他者の知を介してでなければならないし、世界の知において重要なものは、自己の知にほかならない。他方で、も

2　プラトン『饗宴』で語られる神話。それによると、男女に分かれる前の人間は両性具有であり、それゆえ男女は愛において互いの「半身」を求めてしまう。プラトン『饗宴』久保勉訳、岩波書店、二〇〇八年。

しすべてが双子であるならば、すべては、わたしたちの無意識なるものと同じ権利と秘密をもつ。あらゆるものを貫く宇宙的双子性が存在すると認めること、わたしたちはみな双子であり、その類似性を失ったり描き直したりすると述べることは、世界が分身だということ（だけ）を意味しているのではない。世界にはわたしたちの複製がただ一つ存在するのではもはやなく、すべてはほかの何かの複製であるということを意味している。宇宙的双子性を認識することとは、自分のなかに他の人間の分身が存在すると述べることであり、想像したこともない同じ特徴を自分と他者がもっていると述べることである。この特徴とは、わたしが他者と出会うことで明らかになり、甦るものなのだ。

あの写真のせいで、わたしはあらゆる病理と喪を超えて、双子であることは少数の人間だけにたまたま与えられた物語ではないという考えから離れることができない。双子性とは、さらにずっと深くて広い何かの、最も強力な形態である。すべての男女、種、存在の統一性をまとめる関係の集約なのだ。

純粋に系譜学的な紐帯が重要なのではなく、反対に、つねに系譜学の停止と機能不全、つまり系譜学が大好きな系統樹の垂直性に逆らう、血縁関係の水平的で無限な延長が問題なのだ。わたしと兄弟を双子にしたのはわたしの父母ではない。わたしの母は、むしろわたしたちの双子性を被ったのである。それは、まずは文字通りの意味で、彼女が数か月のあいだ安静でいること、胎内でパーティをする二匹の人間の形の稚魚たちによって吸血されることを強いられていたからだ。しかし、とりわけそれは形而上学的な意味である――双子を作ったのは親ではなく生そのものであり、どこへでも通過（トランジット）し、いかなる身体へも入り込み、命を吹き込み、世界のいかなる物質や対象へも変様する、生の能力である。この同じ生こそが、母の胎内とその外において、わたしたちの肉体を彫琢し、わたしたちに隣同士で生きさせ、たえまなく液体を交換させ、互いにくぐもった騒音をたてさせ、キックさせ、空間と時間を交換させる。ある人物を他者にしたり、その逆にしたりするこの交換は、わたしたちの想像をずっと超えて、現在、たえず、繰り返し行われている。わたしたちの宇宙の息吹、わたしたちの世界の生理学は、そこにある。

　わたしたちは、自分を取り巻くすべてのものを吸って吐き、わたしたちの血に変えることで、わたしたちの外にあるすべてのものに、自分をたえず交雑させることで、双子を生み出している。双子であることは同じ父母を共有することの帰結ではなく、超系譜学的、超存在論的に血縁関係を生み出すことである。それは、あらゆるものに陶酔する技術である。わたしたちは話しながら血縁関係を生み出す。なぜなら、わたしたちが発話する言葉（パロール）はつねに、自分の双子だからだ。双子であることは、遺伝的構造というよりもウイルス感染にずっと近い。わたしたちは食べることによって、他者の肉体を自分のものへと変様させ、自分の肉体を他の生の再受肉とすることによって、この双子性を生み出す。双子性は形態学的な類似性というよりは、他者のそれぞれの身体の反復であり、再受肉である。

瓜二つの存在を無数にもつような宇宙的双子として、わたしたちはそれぞれ自分のなかに、膨大な数の個、種、多様な時代を集約している。宇宙的双子として、わたしたちは自分の行為のなかに、世界の全歴史を反響させる。それは、「わたしはある」と述べるたびに、わたしたちは宇宙に、自分の双子たちの「わたしはある」をすべて響かせるからでしかないし、この宇宙的双子性のおかげで、わたしたちの意識は仮想的に宇宙と一致し、それに住みつくことができるからだ。家とはこの双子性、この世界中に散らばる双子たちへの愛の意識にほかならない。彼らはつねに二人よりずっとたくさんなのだ。

7 白い粉

どんな家もけっして完成していない。わたしたちは家の建築をやめることはない。室内のアレンジを変えたり、チェックする物の管理目録を更新したりするだけでなく、服を着て、他の生を日常の親密なものに組み入れたり、愛したり、眠ったりしながら、わたしたちは家を建築する。しかし、家を建てることの最もラディカルな経験は、わたしにとって、物を書くことにある。それはどこにいようが関係ない――ベルリン、フランクフルト、ニューヨーク、パリ、フィレンツェ、バルセロナ。舞台がどこであっても、そのたびに同じ装飾である。鎧戸を閉め、ブラインドを下げる。日中は、太陽の光を家の外に閉じ込めておく。わたしの日周期のリズムは、どこにいてもその生活に適応する――時間は、日照によってさまざまに変化するのをやめ、北極圏の一年中つづく冬が支配する長い回廊のように、亡霊と幻覚が住まう長い夜のように伸びていく。わたしの手による神秘的な振り付けにしたがって、時間は過ぎていく。

そうした時間に、わたしの指は、白くてじつに滑らかな紙面に、落書きに似た奇妙な記号を残す。明白な動機もなく、棒とヒゲ部分を調整しつつ、上下へ伸びる縦線を配置する。要するに、指は頁のうえに文字を記している。それは取るに足らない行為であるように見える。しかし、この偶像をもたない（アニコニック）書き込みが精神に及ぼす影響は、核兵器が身体に及ぼす影響に匹敵する——一瞬の暴力的な爆発のあと、数世紀も続いて、目に見えない、はかない、修復できない影響を残すのだ。

　書くことはこの奇妙な精神の放射能である。最も単純で、些末で、「命を吹き込まれている」とはほとんど思えない最小の物質に住みつくことで——アイディアは、パルプの表面についたインクの染みとなるのだが、この薄い存在から出発して、一個人の脳に住みついたときよりも、さらにずっと広く、強く、持続的な影響を与える。書くことは、しばしばそう考えられているように、話し言葉の代用品ではない——それはおそらく語や言語と偶然的な関係しか結んでいない。

　わたしたちは書くことを、平凡でありふれた、まったく取るに足りない何かと考えることに慣れてきた。しかしそれは、ありうる最も強力な向精神性物質の一つである。書くことの不規則な痕跡は、それを用いる者に対して、視野（ヴィジョン）を喚起する——それは、この語の最も広い意味、理性＝道理＝理由（レゾン）という語くらいあらゆる意味を含意しうる語義をもつヴィジョンである。〔ものを読むとき〕わたしたちは存在しないものを見、感じ、味わい、考え始めるが、それは目の前にある染みの集まりとはいかなる実体的な関係ももたない。〔目の前の染みには〕資料や写真のようなものもなければ、現実的なものは何もない。まさに見たものを指し示したいときでさえそうなのだ。この観点からは、あらゆる読書は一つまみのＬＳＤ、あるいは一包みの〔幻覚剤の一種である〕アヤワスカと比較できるだろう。語とは、白い粉、あるいは不快な味の飲み物である。しかし飲み下すごとに、わたしたちの前に何かが現れる。自分の身体やそれを取り巻く世界とはまったく関係ない何かが。しかし、決定的な違いがある——この物質のおかげで、わたしたちはヴィジョンを制御し、自分にもたらす。そしてなにより、好きなだけ再生産することができる。

　書くことにおいて、一つまみの幻覚誘発剤の場合に生じることとは反対のプロセスが起きる。幻覚誘発剤においては、ヴィジョンをもたらすのは物質的実体であるが、書くことにおいては反対に、ヴィジョンは書く者を導いて、奇妙な向精神性物質を分泌させる（言語は、根本的に、誰でも手に入る幻覚状態にほかならない）。この物質によって、作家が体験するヴィジョンを無限に喚起し、再生産することができる。だからこそ、その効力も長続きし、だからこそ、書くことはこれほどまでによく広まったのだ。わたしたちはこのヴィジョンを必要としている。わたしたちの身体は、取り巻くすべてに命を吹き込む生を糧としている。だからこそ、わたしたちは食べることを強いられている。わたしたちは自分の解剖学的身体の外部の生を取り込み、代謝しながらでなければ生きられないのだ。だからこそわたしたちは感覚器官をもっている。それらによってわたしたちは、この生をみずからに入り込ませることができる――限りなくさまざまな形態をもつ、光、音、ノイズ、固さ、味、甘さとして。しかし、この生の一部は、糧を介しても、感覚器官を用いても取り込むことができない。書くことによってわたしたちは、食べたり世界を知覚したりするときに行うことを、別の方法でつづけることができる。わたしたちを取り巻くあらゆる生を生きること、そして自分のなかに入り込ませておくことができるのである。書くことは、あらゆる物と生きもののあいだに親密さを生み出す。それは誕生、食事、知覚によって構成される近しさの秩序よりも前にある。書くことは他のいかなる種とも直接的な連続性をもたない精神的連続性を生み出す。あらゆる生きものは、他者の生を生き、他者になるために互いに入り込む仕方を、たえず発明している。そしてそれら各々の生は、そのことで身体から身体へ、個から個へ、種から種へ、場所から場所へ、時間から別の時間へ移動することができる。書くことと、それによって得られるヴィジョンは、この連続性の生成であり、証拠であり、アーカイブである。それは知的なものではまったくない。それは生を、その純粋で、科学的で、可感的で、幻覚を見せる物質へと注ぎ込むことだ。インクの数滴のなかに集中した生の力は、尽きることがなく、抑えることができない。書くこととはまさしく、生がわたしたちに入り込み、不可逆的に変化させ、他所へ飛び立つために発明した策略にほかならない。書くことによって生は、けっして誰かに属することなく、永遠の放浪者でありつづけることができる。

わたしたちは書くことを欲するのと同じ理由で家を欲する。日常的経験はけっして十分ではない。世界をあるがまま知覚することでは十分ではないし、わたしたちの影を世界の表面に書き込むだけでは十分ではないのだ。わたしたちは世界の現実、わたしたちの現実から、ヴィジョンを、色、音、匂い、感情の混合物を創造する必要がある。同様に、わたしたちは〔世界に影響を与えないようにと〕どんなに小さい場所を占めたところで、手つかずの世界に住みつくことはできない。世界に住みつくことは、その構造を変様させ、惑星の書き言葉となることを前提としている。

わたしたちは、とても古い幻想によって、家とは世界の要素、家を取り巻く残りすべてのものと同じであると想像するように促される。家のなかの何も、とりたてて他所で見られるものと異なるわけではない。石材、鋼鉄、ガラス、樹木、地球を構成している他の化学物質は、家を構成するありふれた物質にほかならない。そしてとりわけ、あらゆる家において、他所でも生きていくことのできるであろう男たち女たちが暮らしている。わたしたちは、以前にまして都市計画と生態学にかかわる深い失敗の念に養われているがゆえに、自分の住居とそれを迎え入れる環境との連続性を強調してやまない。しかし、本当にそう言えるとすれば、家が世界と同じ物質でできているとすれば、本当に家のなかに、家の外と同じものが見いだされるのだとすれば、つねにどこでも同質の時間を探し出せるとすれば、壁と壁のあいだに包まれる生が、外で通用している生と同一なのであれば、わたしたちは家を必要としていないだろう。

家の形態はあまり重要ではない——そのスタイル、広さ、材料も同じく重要でない。それがテントであろうが、バラックであろうが、ルネサンス期の宮殿であろうが、重要ではない。わたしたちが家をもとうと考えた動機や原因も重要ではない。それは悪天候から身を護ったり、自分の愛する人物との親密さを織りあげるために必要なものを取り集めることだったりするだろう。しかしわたしたちが家を建てるのは、現実におけるあらゆる連続性を破るためだ——それは物理的で、気候的、生物学的、生態学的な連続性だけではなく、とりわけ心理的で精神的な連続性である。中断だけが問題なのではない。家は異なる、他の、余分な時空の、恣意的な挿入、追加、追補である。

家にいることとは、惑星規模の気象へ、それと異なる個人的な気候で対抗することだとする考えがある。しかし〔家の壁や屋根ではなく〕、窓や〔外景を描く〕だまし絵、庭や基礎工事をみれば、この考えは無効にされないまでも訂正されうる——家は外界と別の光、湿度をもたらすだけでなく、街とは異なるカレンダーにしたがって、別の愛、気質、時間を構成する。自分の家にいることとは、身体を白日の下にさらさないでおくための身振りの寄せ集めであるという見方を否定することにある。問われているのは羞恥心ではない。わたしたちは差異と孤立を混同し、宇宙的な自律性を、〔よい家を所有することへの〕社会的で心理学的な差別化（ディスタンクシオン）への小市民（プチ・ブルジョワ）的な欲望へと変様させる。しかし家がもたらす差異は、たんなる内と外の対立ではない。たとえそう見えようと、わたしたちは惑わされてはならない。それぞれの家は、これまで世界になかった平方メートルや一分一秒を、世界へと貼り付ける洞穴なのだ。家は、それを取り巻くもののなかに脈絡のない穴が開いていることを前提としている。あらゆる流れと生態系を破り、そこに奇妙な要素を移植する穴である。この要素は、たとえそれが取り巻いているものを糧としているにせよ、肉体を分かちあってはいない。

それぞれの家は、地球全体に対し地球外のポケットを作り出す、宇宙の外科手術である。それは地球外からの侵略である。家は惑星のうえに別の時空、地球外にあるものを投げかける、噴火中の火山である。それは宇宙人の空間だ。なぜならすべての家は、この空間を地球の中心からではなく、よくわからない別の場所から引き出してくるからだ。家は惑星の本当のフレームの外である。わたしたちは書くことによって、自分を取り巻く文脈や自分の直接的な経験からは予見も演繹もされえないような経験の要素を導く。それは住まうことで、わたしたちが地理的で生態学的な文脈に、環境からは予見も演繹もされえない何かを導くのと同じである。巣蜜〔＝蜜とともに作られた蜂の巣〕のように、それぞれの家は〔環境とは〕異なる経験を生み出し、投げかける。家は反転した火山であり、空を大地へと投げかける。宇宙の火山は、天空の溶岩、つまり周囲となんの関係もない空間と時間を地球に放出するのである。

反対に、家に入ることとは——それが貧しいか豊かかにかかわらず——、つねに時間と空間のなかに旅することだ。別の大気、別の生態系、別の人口、別の時間のなかを移動する、宇宙をめぐるクルーズだ。それはブラックホール、探査不能な神秘である。だからこそ、家によってある種の先住民性を定義しようと考えることは馬鹿げている。ひとたび家に入ると、わたしたちは別の誰かの幻覚状態をみる地球規模の移民になり、旅行者となるのだ。

〔家において〕住まう者の魂をめぐる旅は、家を取り巻く街からずっと遠くへとわたしたちを運ぶ。家を家とするものとは、ある場所に刻み込むことではない。反対に、家の集合こそが、それらの出現と反響によって、場所の同一性を定義するのである。

わたしたちの家には深く反空間的な何かがある。そしてそれゆえに、すべての家は街と自然、大地にとって、かくも危険なものだ。家のもつ反地理学的な力、地球規模の、地理学的に非現実的な流れが重要なのだ。家は街とは異なり、石材のうえに現実と異なるイメージを投げかける幻想ではない。家は別世界を築き上げるものにほかならない。

これまでの内容を、あらゆる住まいを支えるのは、空間を場所に変えるメタモルフォーゼの働きであると述べて要約することができるだろう。家のおかげで、物質の同質的な広がりのなかに、何か別のものが打ち立てられる。それは言葉によって、物質の微小な断片（声や頁）のなかに、言葉とは無関係の、別の現実が出現することと同じである。家はその場にいながらにして、他所へと恣意的に定着することであり、旅することである。家は、意味内容（シニフィエ）が記号（シニフィアン）に対して恣意的で自律的であるのと同じ仕方で、自律的なのだ。家は書くことの一形態であるが、それは宇宙的であり、世界の皮膚、肉、骨、毛によって作られている。わたしたちと他の生きものが家を作り上げるたび、地球の一部は幻覚を引き起こす物質となる。それは〔蜂が巣を作り上げるたびにできる〕蜂蜜なのだ。

8 ソーシャル・ネットワーク

わたしたちは家を建てることを、けっしてやめようとしない。わたしたちは住みながら、ものを書きながら家を建てる。だがそもそもあらゆる人工物は、家を建てる意志、つまりそこに住めるよう世界を変様させようとする欲望の延長である。いつもわたしたちは、世界を家とし、自分の家へと変様させ、反対に自分が世界の家となるように、物質をあやつっている。人工物のうちで、ソーシャル・ネットワークほど、この家の欲望を明らかにするものはない。一九五〇年代以来、テレビから個人用パソコン、冷蔵庫から洗濯機に至る「家電」という新たな器具によって、家は侵略されてきた。それらの機械は、わたしたちの経験をラディカルに変様させ、新たなかたちのエネルギーを付与するように運命づけられていた。だからこそ家は、デジタル空間を考えることのできるモデルとなったのだ。ほとんど指摘されていないが、Facebook や Instagram は家空間の拡張であり、投影である。それらは文字通り、家のなかの社交性を新たな仕方で考える、デフォルメされたユートピアのイメージである。たしかに、問題になっているのは逆説的な家である。服と同じく、それらはどこへでもついてくるが、皮膚のうえに身に着ける必要はない。それを用いるためには、ノートパソコンを開くか、携帯電話の電源を入れて、数文字を入力すればよい。わたしたちはあたかも、家族所有の古いフォトアルバムを現実の居住空間へと変様させたかのようだ。しかし家族のアルバムとは異なり、この巨大な「顔本」は過去ではなく現在へと目を向けさせる。そしてアルバムがすでに出来上がった家族を問題にするとすれば、わたしたちがこの奇妙な視聴覚的（オーディオヴィジュアル）な聖書を介して作り出せるのは、非系譜学的な新しい家族である。それは、人類全体と一致しつつあるカタログから、自分の親密さをシェアしたい顔を選ぶことによってである。そこには、各人が自分のアダムとイヴを選ぶことのできる、持ち運び可能な、奇妙な楽園のようなものがある。この世界には、街も国も存在しない。この惑星規模の新たな家は、万人が同時に女王や王、宮廷の人間となる巨大な王宮である。コミュニティは、女王たちや宮廷の人間たちがある特殊な場所へ定着したことによって始まるのではない。地理はもはや現実にあるのではない。もはや、フランス人もイタリア人も日本人もブラジル人もいないのである。

系譜学的な紐帯とは無関係に、この顔の家は社会的な紐帯だけを認める——友愛である。とはいえ、あらゆる場合に平和と調和が保障されているのではない。あらゆる大都市が保障し、可能にする匿名性と秘密は、友人たち（フレンド）のあいだでは成立しえない。万人が知り合い、とりわけ

――すべての宮廷のように――万人が万人を見て評価しあう。よい宮廷人には大きな力がある。自分がそうありたいものを見せすぎないで、自分でないもののふりをすることができる、無限の力である。それは昔〔イタリア語で〕、力の抜けたエレガンス（スプレッツァトゥーラ）と呼ばれたものだ。

デジタル空間で自分が作り出した友人たちとの家は、まだ存在しない世界の前触れのようだ。Facebook、Instagram あるいは WhatsApp は、奇妙なかたちでの仮想的な修道生活という夢を運んでいる。それは街へ出ずとも、そしてとりわけ、自分の家のかたちを規定する壁とこれまで以上に完全に無関係に、数百や数千の人々と、視覚あるいは声によって近しく接触しながら生きることができるという夢である。「家電」という新たな道具を介して、家という物や人の隣で暮らすことを可能とする家という装置は、自分たちの街を築こうとするフーリエのブルジョワ的な空想よりもずっと、彼のいうファランステール〔＝理想的な共同生活〕と一致する。[1] わたしたちは家電のおかげで、あたかもそれぞれが重なりあい、識別不可能な二つの家空間に住んでいるかのようだ。しかしそれは二つの異なる時代から由来する――一つは未来へと投げかけられる時代、もう一つはその逆であり、後者はコンクリートの壁の内側、その背後へと道

1　シャルル・フーリエ『四運動の理論〔新装版〕上・下』巖谷國士訳、現代思潮新社、二〇〇二年。

を塞ごうとする。

この新たなデジタルの家はあたかも、わたしたちがそれぞれ暮らしている形態や様相と対比させることで、石材と鋼鉄でできた自分の住まいが、時間旅行のための奇妙な機械、夜ごとに遠い時代へと移動させる巨大な保育器であるということを明らかにしたかのようだ。家の扉を開けることとは、置時計の針を反対にまわすこと、年号表示を反対に戻すこと、一九世紀に投げ返されていると気づくことである。顔の宮廷の巨大で、国際的で、共生的な空間は、家のなかでシンデレラの馬車へと変様する。〔これまでの〕家はわたしたちの孤独を閉じ込める、無機質な監獄である。〔それとは別の〕デジタルな人工身体によって生きることができる夢のような家を前にすると、わたしたちの家やアパートは廃棄された機械のように見える。それは特殊な機能にしたがって、わたしたちの生を蒸留するために建てられた、大きな直方体である。とりわけ、わたしたちはこれらの空間において、主に修道生活と核家族（父母と息子）という孤独の極を揺れ動きながら、社会の規律と過去の習慣にしたがって生きるよう強いられる。他方わたしたちの親密さのすべてを、世界に散らばった友人たちと分かちあう共同体と共有は〈顔の大宮廷〉という形態なのだが、それは単純な夢となる。それと比べて、わたしたちのアパートは、わたしたちの生物学的な家族に属さないすべての身体を区別する、精神的な異化装置であるようだ。わたしは、世界的な大パンデミックの数か月間、もしウイルスによって入ることが禁じられていたのが街ではなくて家だったなら、わたしたちの生がどうなっていたかについてよく自問した。わたしたちがみな、浮浪者、ホームレスとなり、自分を住まいから解放するよう強いられたとしたら、何が起きたのだろうか。その場合、わたしたちは互いに、友愛と愛の線をたどって共同生活を再組織できただろうかと、わたしはよく自問した。わたしたちは、血縁と孤独とは異なる関係によってかたどられた家のあり方を想像し、構築することができるだろうか。

〈顔の大宮廷〉は、街を避けて通るたくさんの通路、つまり、住まい同士のあいだをつないでいて、最新のテクノロジーによって可能となった通路の一つにすぎない。わたしたちがこれらの通路を配置する仕方にしたがって自分の家の石材を再配置することは、わたしたちを取り巻く技術と機械の性質および目的のラディカルな変様を理解できるかどうかにかかっていることになろう。ほとんどそう述べることはないが、わたしたちは、物理的なタスクの実現を目的とする技術から、人間の精神の拡張、多数化、爆発を目的とする機械へとうまく移行してきた。この進化は、脳や知性、思考についてのみ語るよう導くような隠喩、そして認知的でサイバネティクス的な語彙が覇権を握っているせいで、誤解されてきた。わたしたちは実際に、大雑把な分割に慣れてしまっている——わたしたちは精神（プシュケー）と知性を分離し、脳を知性の中枢と見なしてきた。パソコンと携帯電話がわたしたちの脳の延長であって、精神的生の増幅ではないと思われてきたのは、このイメージを介してである。

ところが、前世紀に生み出されたものはこれ以上なく明白である。伝統的機械は物理的機構という限界に基礎づけられてきた。エルンスト・カップの主張によれば、あらゆる機械は、解剖学的器官の人間外部への投影である。新たな機械は反対に、精神的生という限界に基礎づけられており、知性、計算、想像力、感情などはあまり重要ではない。写真、映画、パソコン、とりわけ携帯電話はその具体例だ。それらは、精神（プシュケー）を意識と解剖学的人体の外に投影している。そして伝統的機械が、生きもの以外の主体に生きものに固有の力を用いさせることで、この力に命を与え、目的へと向かわせることができたのだとすれば、新たな機械はわたしたちの外部に魂を存在させる。さらにこれらの新たな機械によって、精神的生は、解剖学的人体だけでなく、いかなる物にも住まうことができ、いつでもその生を取り去ることができる次元となる。

新たなテクノロジーの発展は、人類学的で道徳的、政治的な深い要請に応えることになった。パソコン、携帯電話、そしてそれらを親密さの生産と共有の集団的プラットフォームとするテクノロジーの発明は、たまたま発見された何かから帰結した偶然の一致ではなく、芸術意志（クンストヴォレン）[2]、つまり芸術的かつ人類学的な、明確な意志から発展した意識的な構築物である。これらの機械はすべて、道徳的要請、すなわち主体の構築の要請に応える象徴的形態である。

主体が純粋に知的なもの（純粋に認知的な事柄）としても、純粋に道徳的なもの（意志の恣意的な行為）としても把握されえず、媒介的な領野において存在することを発見したのは、シラーである。それは、遊びと芸術の領野であり、知と意志、学問と道徳はそれぞれ混じりあう。そしてシラーによれば、芸術はたんに美しい装飾品（あるいは、カントにおいてそうであるように、非規範的な共有物）を創造する空間ではなく、主体を構築する私的な工場なのだ。

かれこれ一世紀ほど、わたしたちは文学と視覚的あるいは造形的芸術とに、自我の構造を発明し、可視化するよう求めてきた。わたしたちは、小説と芸術作品によって、精神的で感情的な自分の生がまとってきた形態を理解することができる。二〇世紀を通じて、自我とは、わたしたちの各々が、自分の意識的な記憶の前にある流れ、自分の人格よりも広大な精神的な流れに属しているという経験をなす場であり、またその手段であった。それは公現（エピファニー）のような――つまり瞬間的で、統御不能で、非プログラム的な仕方での経験である。ジョイスの『ユリシーズ』やウルフの『ダロウェイ夫人』、プルーストの『失われた時をもとめて』、ポロックのアク

2　美術史家アロイス・リーグルの語で、芸術作品に内在し、その作品を成立せしめた意志のこと。リーグルは作品を創り出した作家（集団）ではなく、その作品やスタイル自体の生成と変遷に注目した。アロイス・リーグル『美術様式論――装飾史の基本問題』長広敏雄訳、岩崎美術社、一九七〇年。

ション・ペインティングは、こうした方法で、自我の構造化を可能にしてきた。

何世紀にもわたって芸術に割り当てられてきたこの責務、つまり、わたしたちの自我を作り出すという責務は、少なくともこの二〇年、ある象徴的な形態、つまり芸術が分類されえた体系に比べるとより雑種的で不純だが、普遍的でラディカルでもあるような形態に担われてきた。ソーシャル・ネットワークという形態である。それは、ある種の開かれた集合的な小説、つまり万人が著者でもあり、同時に、登場人物でも読者でもあるような小説である。各々の生はそこで、他者たちの生に重ねあわされている。それらは、増大し、延長された文学の一形態である。そう形容しうるのは、登場人物と著者、観客を分離する文学に固有の断絶が、そこでは廃棄されるからだ。したがって、現実と虚構（フィクション）はもはや対立していない。

数年前、〔アルゼンチンの文学者〕ホセフィーナ・ルドメルは、フィクションがもはや「特殊なジャンルや現象ではなく、むしろフィクションと混じりあうまでに、現実を再生させること」であると述べ、文学の現状を描出している。「フィクションが現実と混じりあう」ことだけが問題であるのではない。「新たな体制は、フィクションの位置づけと文学の観念そのものを変える」。なぜなら「文学は現在と現実を作り出すために、過去の模倣品（ミメーシス）を吸収する」からである。現実そのものが文学的、芸術的に作り出される。もはや自律的でない（ポスト・オートノム）文学について、ルドメルはこうした位置づけを与えている。この文学は、芸術を生み出すもの——あるいは利用価値や生き方の影響を受けない別次元の現実——であるよりはむしろ「現実的なものの製作所（ファブリック）」である。新たなメディアによって、文学——もはや言葉に限定されない文学——は、こうした空間へと変様しうる。それは限定的でエリート主義の実践ではもはやなく、実存の集合的行為であり、過去のモデルに追従することのない家の建築様式である。

それらの空間においては、現実を生きるために、人格的で感情的な現実を演じ、想像しなければならない。だからこそ、著者と登場人物の区別は、そこでは消えてしまう——フィクションの登場人物となることによってのみ、著者という立場が得られるからであり、その逆ではないからだ。そして今日著者であることは、文学的フィクションを介してのみ、自分の現実へとアクセスすることにある。それが増大した文学の形態であるというのは、文学が作動するメディアが純粋に言語的なものではなく、経験をできるだけ厳密に再生産しようとする、連続的な基盤によって構成されているからだ。それが延長された文学の形態であるというのは、伝統的芸術と比べると、かなりの数のユーザーにかかわるからだ。ここでは根本的に、歴史の最先端が芸術に与えてきた責務の達成が問題となっている。まさしくそれが理由で、この新たな芸術実践は家をモデルとし、家空間に侵入し汚染し、内側から変様させた。この実践は、わたしたちの新たな家となった。それは、わたしたちが世界を社会的で人間的に居住可能にする場であり、わたしたちがどこにいても家にいることができる、視覚的で文学的な装置なのである。

それゆえ、Facebook と Instagram は、ある逆説を体現している。それは演じられ、上演される必要のある現実、これまでよりも現実的であるためにフィクションとならねばならない現実という逆説であり、想像力を他所へと、つまり未知の世界と別の生へと導くために役立つのではなく、それを想像する者に、自身と可能な限り合致させることができるフィクションという逆説である。生は、わたしたち自身となるために、自己を虚構化する。主体はこの逆説の守護者である。主体は一方で現実的な生の劇作家であり、その劇場は万人の目に対する世界と一致する。他方で、主体は他者たちによって執筆され、創作された生の演者なのである。

もし生が美学的構築の対象となるならば、わたしたちの経験を構成するすべてのものはその単純なイメージを介して操作可能となる。もはや、対象とその表象のあいだに差異はない。だからこそこの新たな文学を書くことは、あらゆるメディア形式をとり、それらを混ぜあわせる。それはまさしく、あらゆる世界の事物がわたしたちの視覚的、触覚的、嗅覚的、合理的アイデンティティを混ぜあわせるのと同じである。そして空間的分離もやはり存在しない。何かを意識するためには、イメージと世界を分離するのではなく、世界のなかに意識を広げる必要がある。わたしたちはわたしたちの意識を世界のなかへ導かねばならない。世界をわたしたちの意識のなかへと導くのではない。そうなるともはや、意識の隠喩は黒い部屋ではない。意識はむしろ屋外である。それはイメージのイメージだ。経験は今後つねに、わたしたちの外の場である。なぜなら、この新たな家のおかげで、精神（プシュケー）と世界はただ一つの同じものになるからだ。わたしたちの精神的な生はもはや、わたしたちの身体の内部にだけあるものではなく、身体の外にもあり、むしろ外にこそあるのだ。あたかもわたしたちは、文章や映画を介さなくても、自分の外で生き、自分の外へ伝播するような経験をなすことができると気づいたかのようだ。精神を模倣する機械を介して、わたしたちはともに、新たな〈世界の魂〉の空間を作り上げている。それは集合的精神であり、各々は、自分がその内容、登場人物である限りで、はじめて主体である。意識は、感情、知識、知覚を他所へと運ぶことのできる何か、つまり乗り物でしかない。意識は伝染性であり、ウイルスとなる。しかし、これらの機械を介して、わたしたちはとりわけ、世界の本性そのものとなる。なぜなら世界自身がいまや、わたしたちにとって精神的事実となるからだ。世界はもはや出来事ではなく、分散された精神、わたしたちがみな浸り込む意識によって構成されている。

　精神は世界となり、世界は物質的である前に精神的なものとなる。それはたんに認知的であるだけでなく精神的、悪魔的であり、だからこそ自我は、かくもウイルスのような仕方で増殖するように思われる。ナルシシズムだけが問題なのではない。集合的精神はもはや超越的なもの、（ユングの〈元型〉のような）非歴史的なものではなく[3]、延性をもち、それゆえに詩的で美的な存在である。それにかんする事象は趣味判断と結びつき、この存在を無限に操作することができる。

家についてのこれら二つの経験の対立は、消失するに至る。わたしたちを待つ未来は、世界の精神的変様を把握する、わたしたちの能力のなかにある。わたしたち個人のものであり、かつ集合的な魂は、今日わたしたちの前に見出される。すべてはこの集合的な魂－世界へとわたしたちが与える形態にかかっているのであろう。わたしたちはみな、この魂－世界の脚本家であり、登場人物であり、またいずれそうなるのだ。精神的形態をとるこれらの機械のおかげで、わたしたちは国家と大陸のみならず、あらゆる人間の住まいを隔てる壁と境界線を打破した。わたしたちは、あらゆる公私の対立の彼方にある、精神的な共有の場を、そして、毎秒流れを変えうる、うごめく親密さの洪水を作り上げた。精神の形態をとるこれらの機械のおかげで、家はあらゆる空間的で地理的な定義を失い、街から解放された。よりうまく言えば、家は街を内在化し、惑星規模の広がりを手に入れたのだ。このことは明らかに、ぎこちなく、しばしばグロテスクな予感のようなものを与える。しかし、これらの機械によって可能となったものはもはや無視することができない。新たな秩序で地図を描くときが来た。揺れ動く親密さの戯れという筆跡で、街や国家を超えて地球を描くときが、おそらく来たのだ。

3　スイスの精神科医カール・グスタフ・ユングは、あらゆる民族、社会、個人の根底にある、精神的な元型を想定し、「集合的心性」と呼んだ。ここではユング用語のみを意味するのではないため、「集合的精神」と訳している。カール・G・ユング『元型論』林義道訳、紀伊國屋書店、一九九九年、一二頁。

9　部屋と廊下

恐怖にとりつかれた幼少期を思い出す。恐怖はずっとあったわけではないが、遭遇するのが稀であるせいで、その効果はずっと強力だった。恐怖は、最も奇妙で不適切な瞬間に、冷静に到来した。それは予測不可能だった。その一つの理由は、恐怖が、最も慣れ親しんだ無意識的な状況、つまり、自分のような子どもが世界に存在する確かさと幸福は破られることがないと思える状況において、現れたからだ。しかしとりわけ、俯瞰してみれば、恐怖は他の感情のどれとも似ていないからだ。わたしは恐怖を、普段わたしが抱いていた幸福よりも鋭く神経質な喜びとして、あるいは、わたしが好んで浸る憂鬱さの、ソフトなバージョンとして受け取っていた。

恐怖が到来するのを知ることはできなかった。それを認識することはできなかった。私のみるところ、より強力で明白な恐怖、つまり漆黒の恐怖の場合でもそうだ。そして恐怖は、傲慢と安心に擬態し、変様して到来した。足を踏み出すのにせっつかれることもなければヒステリーもなく、自室からダイニングを隔てる長い廊下を通っているときに得られる安心感の背後に隠れて、恐怖はやってきた。そんなとき恐怖は最も凶悪で、どこへでも紛れ込める仮面を身に着け、感情の謝肉祭（カーニヴァル）に現れたかのようだった。しかし、この感情と感覚の謝肉祭は幸福なものではけっしてなかった。一番ありえそうもない瞬間、いんちきが暴かれマスクが落ちたとき、すべては恐れと不安に変わる。すると、二重スパイによって引き起こされた侮辱に苛まれているような、大きな苦痛がわたしに侵入してくる。それはべつに、わたしの目の前で、世界が何か不安と脅威をもたらすものに変様するのを見ることの嫌悪と恐ろしさというわけではなかった。わたしを動揺させ、怖がらせたのはむしろ、この得体の知れない場とはわたし自身であると気づくことによる不信と狼狽である。わたしは、幽霊が家のドアから廊下を通って入ってくるのを恐れていたが、この幽霊とはわたし自身、わたしの魂にほかならないと認めることができなかったのだ。

わたしは長いあいだ、この廊下を恐れた。そこには窓もなければ何もなく、家のなかをもっと居住可能な場所らしくすることのできるあらゆるものがなかった。そこには入口のドア、つまり、夜の世界に対抗する心もとない城壁しかなかった。それは子どもにとって、お化けと変幻自在の生きものが、無限に広がっていることにほかならなかった。わたしの母が誰でも呼び鈴を鳴らすことなく入って来れるようにと望んだため、そのドアは昼間じゅう開けっ放しになっていた。

わたしは長いあいだ、自宅の外でも、廊下が怖かった。廊下は同一性をもたない、卑猥で薄暗い場所である。そこには、青少年が第二の皮膚とすることができるような、子供部屋の快適さがなかった。そこには、誰かと愉快なたくらみを行う秘密の洞窟の、甘美な滞在も交わされる会話もなく、共に食事をとることの豊かさも幸せもなかった。それは変化と変様の空間であるが、物質と精神の動きを支配し、統率する可能性を与えることがない。それは台所にいるときや、浴室など、自分自身と自分がそうなりたいものとの化学的なブリコラージュの空間にいるときに起きることとは真逆である。廊下は場所を変えること、そしてなによりわたしたち自身を変えることのためにある。そこに留まっていることはできない。廊下は、家のなかで、つねに「住む」「留まる」「滞在する」という動詞を拒む場所である。廊下は、生活のなかに、あらゆるかたちでの動きの強制を生む機械なのだ。

わたしは長年、自分が長い廊下であることだけが怖かった。つまり、何ものも自分に属さず、親密なものがないような、虚無の空間であることが怖かった。暗く、つねに外気に曝され、誰もそこに留まらず、記憶なく過ぎ去り、そこを通る人に思い出を残すことのない、そんな場所であることが怖かった。窓もなく、建付けの悪い、大きくて心もとないドアしかついていない、そんな場所であることが怖かった。このドアからは、外界の亡霊が入り込み、お化けと家族の複雑な生活の雑音とが出て行くのだ。

わたしは長いあいだ、廊下を恐れていて、この恐怖を克服するのにかなり長くかかった。勇気は必要ではなかった。恐怖に対して、勇気は何の役にも立たない。欲望とその執着、力、そしてときにはその盲目さだけが役立つ。欲望だけが恐怖を無くすことができる。恐怖は、何かを欲することを妨げる力でしかない。古い著作が、わたしたちにこのことを教えている。スピノザはこう述べる。「ひとが望むものを望まず、望まないものを欲するように仕組むこの情動を、わたしたちは恐怖と呼ぶ」[1]。

この廊下は、わたしの幼少期の欲望によって選ばれた場所、その勢力圏（ゾーン）から——つまり寝室から——、わたしを切り離す。この部屋は、わたしの記憶では、あらゆる種類の遊びのコレクションを含み、時を経るにしたがって変化する巨大な籠（かご）のようなオーラを放つものであった。あらゆるミニカー、ビッグ・ジム[2]、レゴ、ときどき手足がなくなったものもあるが、いつもすぐにでも架空の登場人物に変様した。それらは、パンドラの箱のような籠から出てきた。そこから一つ取り出すこととは、物事を日常の秩序へと戻すわたしの母の無駄な試みに逆らって、それとは別の宇宙発生論を解き放つことである。わたしと弟のベッドも、連続的な空間を創り出す、この奇妙な創造へと加わった。それらは互いに無関係に配置されたり、重ねられたり、逆に離されたりした。それらのベッドは、夜遅くになるまで、遊びの大地でありつづけた。わたしたちはまったくシュールなラジオ番組や、テレビ番組を作り出したり、日々の出来事にコメントしたりした。その後、眠気がわたしたちを襲い、沈黙が訪れて、長い中断が始まるのである。

ベッドは人間が発明した最も逆説的なものだ。わたしたちは限りなく多様な使い方をする――読書し、誰かを愛し、天井を観察し、目覚めながら夢想する。しかしベッドはとりわけ、長時間にわたる精神の不在を迎え入れ、包み、可能にする。ベッドとは日々の嗜眠、繰り返されるフーガの劇場である。ベッドはわたしの身体がもはやほとんど、地面に脱ぎ捨てられた衣服でしかないような長い時間のために作られていて、そのなかでわたしたちは――自分たちと同じく――外部の目に現れるのをやめる。わたしたちは自分を留守にする。わたしたちは共有する世界を数時間離れ、他所で別様に生きる。この時間のあいだに現実に何が起きているかを知り、述べるのはいつも難しい。わたしたちはこの、現前とパラレルな不在の経験を、夢と呼んでいる。わたしたちは夢をかなり鮮明に覚えているし、何世紀にもわたって、夢から教訓を引き出そうとしてきた。しかしながら、夢は毎日、わたしたちを世界から消失させ、わたした

1　スピノザ『エチカ　スピノザ全集3』上野修訳、岩波書店、二〇二二年。
2　一九七〇年代に、マテル社から発売された筋肉質の男性フィギュア。

ちの前から世界を消失させるが、この夢が課す不連続性には、神秘的で不安にさせるものがある。哲学は、人間がみな少なくとも人生の三分の一を睡眠にあてているという事実についてきちんと考えたことがないと、カール・レーヴィットは書いたことがある。この事実を哲学が無視してきたことは、哲学が都市的で都会的な起源をもつことと一部結びついている。

わたしたちは、性を浴室に閉じ込めるように、眠気を寝室に閉じ込める。他者の目線から隠し、護り、しっかり戸締りする。あらゆる家は根本的に、わたしたちの意識がかくも心もとないものであるからこそ、建築される。わたしたちが家を必要とするのは、この注意の消失、現前からの逃亡を保護し、到来させるためである。わたしたちは眠気によって、休息し、自分を再生することができるが、それは自我の崩壊でもある。家はこの精神的生の欠落の症状でもあり、同時に補償でもある。それは魂を止めておくガレージであり、そこでわたしたちは毎日数時間、自分の目にも消えてしまい、文字通り、もはや何が到来したのかわからない時間、曖昧な記憶しかもたない時間を過ごすことができる。ブラックホールのように。

もしベッドが重要だとしたら、長時間にわたる正当化できない不在のためというよりは、その後のことのためにである。何かが眠りと夢からわたしたちを引き離し、現前へと引き戻す。わたしたちは、自分の意識の中断したエピソードのあいだに深淵を見るかわりに、素早くて気づかないほどの動きによって、ある種の連続性をふたたび見いだす。いつも意識を一日分の過去へと繋ぎあわせる、この精神の外科手術に似た挙措を、わたしたちは目覚めと呼んでいる。わたしたちがもうこの過去へと直接アクセスすることができないのは、過去の瞬間と、現在の瞬間のあいだに割って入る夢のせいだ。思い出が残ることや記憶の持続だけが問題なのではない。そこに自動的なものは何もない。気づかないほどの挙措が、無関係な存在の肉片の寄せ集めを縫い合わせ、穴をふさぎ、この不在が存在しなかったかのように見せる。ベッドは精神の手術台であり、精神には補修が必要であること、そして、自我が精神的なパッチワークであり、わたしたちをフランケンシュタイン博士の化け物にする、日常的な縫合手術の帰結であることを示している。この化け物のなかにある多くの意識の流れは、次の裂開までの一時的な合流点しか見いだしていない。

ベッドのなかでこの手術が最もラディカルなかたちで現れるとしても、実際には目覚めはいたるところにある。わたしたちが一つの意識をもつとしたら、それは自分の実存の欠片を縫い合わせつづけているからであり、毎瞬間、目覚め直しているからでしかない。世界は巨大なベッドであり、そのなかでわたしたちはたえず消失し、目覚めている。家は精神の形式であり、どこにでもある。そして意識はつねに布切れで作られた人形であり、たえず端切れを加えられつづける、ピエロの衣装である。

覚醒した状態からベッドを考える——そして精神的崩壊は存在しないとか、夜に自我が崩落するのは偶然であると主張しつづける——より、ベッドから、そしてそこでふたたび目覚めるということから、魂の位置づけを再定義することを学ぶべきであろう。知覚し、思考し、想像するために、わたしたちは目覚めなければならない。それは自然発生的な動きではない。意識をたえず構築するのは、水面下の、気づかれない縫合の行為である。世界に存在することは、つねにある種の目覚めなのだ。

わたしたちが目を開けると、世界は現働する意識、一瞬、自分たちのものではないような意識として構成される。目覚めることとは、すでに働いている意識にインストールされるようなものである。わたしたちが、この自己意識、知的な生‐内‐存在が自分のものであると気づくのは、何秒か遅れてでしかない。あたかもわたしたちが、すでに現前していた自我を引き継いだり、すでにずっと目覚めていた自我——自分自身の自我——の代わりになったかのようだ。目覚めは知覚の不在から現前への移行ではなく、ある種の、自律的な意識、世界に分散した意識、すでに存在していた意識の設立である。わたしたちは時折、この意識を自分で所有し、自分のものにする。世界はつねにすでに生きており、活発に意識をもっているのである。

だからこそ目覚めるとき、意識は記憶と一致する。この瞬間に行われる精神的な手術は、一瞬で現在と過去、未来を融合させる。じっさいわたしたちは、現働する意識の知覚である、この逆説を経験している。つまり——わたしたちが思うよりずっと——学ぶことと、自分がこれまで知覚したことがない何かを思い出すこととは重なりあっているということである。聞いたり読んだりするたびに、わたしたちは他人の意識の意識となる。あなたに読んでもらえるようにこうして文章を数行提示することが意味するのは、文字通り、あなたを一瞬わたしの自己意識のなかにインストールし、あなたをそれと一致させ、もはやわたしの自我（エゴ）がどこで終わり、あなたの自我がどこで始まるのかがもうわからないようにする、ということなのだ。

言葉（パロール）とは、このような魔法だ。それによって、各人の自己意識は対象となり、対象として、他者たちの自己意識となることができる。そうだとすると、あらゆる言葉の行為は目覚めであると同時に想起である。あなたが読むあいだに、この言葉のなかに隠れたわたしの自己意識は目覚め、あなたの魂はこの数行を書いた瞬間を思い出すことになる。あらゆる言葉は認識される者と認識する者の接合である。この理由で、あらゆる言語の統覚はつねに目覚めである。

わたしたちは目覚めによって、この奇妙な一致が、言葉の知覚ではなく、すべての意識的行為に固有のものであることを理解することができる。わたしたちは、分散し、アトム化し、匿名的でとても個人的な仕方で、世界の自己意識を連続したものとして知覚する。目覚めるたびに、わたしたちは過去、現在、未来の無数の主体に触れ、それらによって触れられる。そしてこの観点からは、あらゆる意識的行為は仲介された主体による意識である。目覚めるたびに、わたしたちは他者の未来の生の前兆をもち、その生を起点として再生し、自分の生を取り戻す

——あるいは反対に、わたしたちによって、他者の目覚めは別様に生きられうる。わたしたちの生が目覚めであるということは、目覚めは永続的な精神の増幅であり、迂回であることを意味している。つまり、目覚めとは、他人の魂の精神的な隠喩である。

あらゆる目覚めは、それ以前には存在しなかった連続性の紐帯を作り出す。連続性は統一性を意味しているわけではない。それは形式的な同質性でもなければ、物質的な画一性でもない。それは異なる諸部分との接触であり、伝染である。魂はつねに伝染であり、コミュニケーションはつねに目覚めの伝達である。そしてこの観点からみれば、世界は段階的に目覚めるプロセスであり、そのおかげですべての魂はあらゆる視点から自分を見ることができる。知の責務とは、経験の自我への還元というよりは、あらゆる自我のあいだにバランスを作り出す働きである。わたしたちは知を介して他者のものであったし、つねに他者のものである意識のなかに目覚める。知とは他人の自己意識と一致することのみならず、とりわけ、自分自身を他人の視点から観察することである。この連続的な、主客という立場の転換は、諸々の自我のあいだに主観的なバランスを生み出す。経験という語に翻訳すれば、このことが意味するのは、この目覚めのサイクルを介して生じる翻訳、すなわち、あらゆる経験から他人の経験への翻訳が普遍的なものであるということだ。わたしたちが世界を観察する起点となるベッドは、段階的に拡大され、あらゆる人や物を受け入れるまでになる。

ベッドをほかの部屋、隠されていてアクセスできない部屋のなかで孤立させるよりも——そして、夜に生じる自我の崩壊が、非本質的なものでしかないというふりをつづけるよりも——わたしたちはこの、精神の交替と置換の機構を起点に、街を再考し、再構成することを学ぶべきだ。そうすれば、街は行為と仕事というよりは、意識の喪失と目覚めの地形(トポグラフィ)となる。仕事は街を捨て、つねにもっと家のなかで組み立てられる。そうすると、街はただ一つの限りない魂、目を開くごとに消失し、目覚め、皮膚を変えるのをやめない魂となる。

10 ペット

わたしの母はいつも、イヌやネコを家で飼うという考えに反対だった。三人の子どもたちが膝をついて、何度も繰り返し懇願しても、その頑固さに切り込むことはできなかった。小さなサイズの、狭い空間に閉じ込めておける動物——カナリア、ハムスター、魚、カメ——だけが許容されていた。それらの動物はみな、(それまでなかったはずの)この家の秩序を侵犯してはならないだけでなく、この家が人間の空間であることに疑問を挟んではならなかった。人間の空間とは、人間によって建てられ、したがって人間のかたちだけに合わせられた空間のことだ。

時とともに、気づかないうちに、家は他種の生からわたしたちの生を分離するために、つまり、あらゆる自由で相互的な共生を不可能にするために考えられた機構へと変様した。家の壁の内側に、珍しいかたちのノンヒューマンの生を養子として迎え入れても、生物学的多様性の恐怖がなくなることはない。家は他種、もっと言うと、あらゆる種との戦争を表現しつづけている。

この分離の理由——この戦争の原因——は神秘的だ。街と家が、あらゆるかたちの生物多様性を積極的に攻撃する、モノカルチャーのプランテーションであるだけではない。近代の家はなにより、わたしたちの種に属さないすべてのものの、積極的な虐殺である。あたかもわたしたちは、(わたしたちの住まいの戸口をまたぐことに成功したイヌ、ネコ、ツグミ、あるいはネズミをのぞく)生きものが、自分のアイデンティティを危険に曝すことを恐れているかのようだ。

人間は、家や都会の純粋さという壁でみずからを隔離してきたし、同じ身分をもつ関係——生物学的でも、純粋に物質的でもなく、精神的で感情的な関係——から体系的に人間の生を定義しようと計画してきたが、近年にかけて、哲学はこの選択をしばしば問い直してきた。ダナ・ハラウェイはこの主題について書いているが、それは現代の最も重要なマニフェストの一つである。[1] 戦争が終結を迎えるためには、人類という身分にこだわっていてはいけない。戦争に直面すると、道徳は十分ではない。戦争に終わりをもたらす正義の基礎となるのは、新たな政治的秩序であって、ただの個人的実践の自発的な変更ではない。差異という観念を捨て、種が互いに異なると見なされている事実そのものを捨てることが必要だ。それはわたしたちが倫理的な差異、あるいは階級という観念と闘うのとまさしく同様である。

プラトンは最も有名なある神話のなかで、間接的な仕方で同様の結論を推論している。『プロタゴラス』(320d–322c)において、プラトンは次のように語る。[2] 不死の神々は可死的なかたちの生を創造することを望み、プロメテウスとエピメテウス〈文字通り、〈前に考える者〉と〈後で考える者〉〉という二人の巨人に、それぞれの種に適切な属性を与えるという任務を課した。エピメテウスは分配を実現しようとして、ある種には「速さのない力」を、またある種には速さのみを与えた。ある種には防具と武器を、またある種には、彼らがごく小さいので隠れる能力を、別の種には、彼らが巨大なので身を護る能力を与えた。分配においてエピメテウスは、各々のかたちの生きものが絶滅することのないように、バランスを求めた。つづいて、寒冷地に暮らさねばならない者たちに毛皮と蹄、そして耐久力の優れた皮膚を与えた。それが終わると、ある種が他の種を食べることができる秩序、種間の食物関係を決め、彼らの繁殖の容易さも同様の仕方で定めた。分配すべき多数の能力を使い果たしたとき、エピメテウスはある種を忘れていたことに気づいた——それが人間である。「彼は、あらゆる生きものがすべて調和するようにまかなわれたのに、人間が裸で、靴も覆うものも、武器ももっていないのを見た」。

これよりラディカルな表象を想像することは難しい。生物多様性は、あらゆる種を特徴づけ

1 ダナ・ハラウェイ『伴侶種宣言——犬と人の「重要な他者性」』永野文香訳、以文社、二〇一三年。
2 プラトン『プロタゴラス』菊池慧一郎訳、岩波書店、一九二七年。

る能力を不公平な仕方で分配する、軽率で無能な神性（エピメテウスは〈無知な者〉と訳すこともできる）による決断の結果である。種は、それが何であるかによってではなく、何をもつかによって定義されている。性質や本性ではなく、豊かさと財産が問われているのである。リスであるかコナラであるか、キジであるかレンサ球菌であるか、ベニダケであるかオウムであるかは、生存競争の帰結ではなく、それに似たプロセスによる、複数の個体のあいだでの資源（リソース）の配分の帰結である。だとすれば、生が表現される多数性は、存在論ではなく、不公正な経済を基礎づけるのである。多数性とは、恣意のしるしであり、生来は誰にも属していないものを分配するときの気まぐれの帰結である。

この多様性の経済において、人類は分配の外部に留まる生であり、種でないもの、生きもののプロレタリアートである。あらゆる種にとって、アイデンティティは能力の所有によって定義される。人類はそれと反対に、財産もなく、才能もない。戦争を生むのはこのルサンチマンなのだ。そしてこのことは他方、他種のようでありたいという願望のなかに、過大な自己評価（ボヴァリスム）を引き起こすのである。

例の神話をつづけると、プロメテウスはエピメテウスによって引き起こされた不公正を前に状況をどうにかしようと、ヘパイストスとアテナから、物質と現実を操ることのできる力能と技術を盗み、人類に与えた。このことは最初の不公平をいやすことができたが、別の不平等をもたらすことになった。この追加の贈与によって、人類はヒエラルキーの上位へと君臨することができたのだ。不公正をいやすべき挙措が、そこから別の、さらにラディカルな不公正を生み出した。この話において技術が、種のあいだの常軌を逸した戯れから抜け出そうとする試みにほかならなかったことを、まず指摘するのは興味深いことだ。時計とパソコン、車、キャビネット、家をもつこととは、「正常であるふりをする」ために、つまり他のあらゆる動物、生き延びることができるための才能をもつ者たちと同じであるふりをするために採用された策略なのだ。さらにいえば、宗教の存在を定義するのもまた、技術である。それは、他の生きものたちに対する劣った条件を覆しうるために、人類が支払う代償である。言語さえも、技術の帰結である。それは、他の形態の生に対して劣っている点を補うために、人類に残された傷跡である。

しかしながら、技術は動物の残忍さから人間を護るために十分ではないと、プラトンはさらにつづける。身を護るために、共に生きることのできる知恵――「政治」――を獲得しなければならなかったのだ。このことでまさに、他の生きものに対する戦争が始まったのである。「なぜなら戦争の技法が政治的技法の一部であったからだ」。

この神話において政治、したがって戦争は、生物種が新たに分離する、神話的な場を意味している。それは、ある種が不正だと感じた、アイデンティティや財産、力能の分割に抗して、ある種が他のすべての種に対して用意する復讐である。あらゆる街は、多種的な秩序とヒエラルキーの反転に対する象徴的な祝祭にほかならない。諸々の形態をとる生はそれぞれが〔子どもだが、ゴリアテを技術によって倒すことで王となる〕〈ダビデ〉でありまた、〔ダビデに倒される巨人兵士〕〈ゴリアテ〉である。このような、すべての他者たちの闘い、諸々の生と生の闘いによって、犠牲者が皇帝になるような逆転も可能となる。あらゆる形態の生の側面は、つねにただ一つの同じ不正を被っている。その各特徴は、ほかのいかなる種に属していることもできたし、反対に、いかなる個体も、別の形態をとりえたし、とっていたにちがいないのだ。同様に、民族や階級というアイデンティティ、あるいは生物学的アイデンティティはとりわけ、欠落の表現である。生物学、政治学、様々な神学、さらにとりわけ、種が存在論的に分離していると言い立てる「証拠」にかまけた生態学を黙認するのではなく、もっと脱力させるような言説を対置することが適切である。不公正のなかで最も大きなものは、アイデンティティである。ある種を他から分離する秩序、生の網目のなかで、異なる生物種に各々の位置づけを定める秩序は、不公正の政治史である。

したがって、新たな家は、あらゆる分類学の破壊、種のあいだの戦争と解された生物多様性の廃棄場とならねばならない。わたしたちは、自分が人間かカナリアか、ネコかイチジクかが、もはやわからないような家を建てることを学ぶべきだということになるだろう。未来の家は、あらゆる種を放棄することに同意するような、一つの生の空間とならねばならない。この生はまた、マルクスを引くならば、「普遍的苦痛を被っているがゆえに普遍的特徴をもち、特殊な権利を要求しない。なぜならそれは特殊な不正を被っているのではなく、不正そのものを被っているからである」[3]。この生はあらゆるアイデンティティをまったくもたないのだが、わたしたちは、情動的で認知的な、あらゆる種に共通の「人間性」の根本のようなものにアクセスするたびごとに、この生の経験に参与する。拡張され、解剖学的あるいは生理学的な差異を超えたペットとの連れ合い(カンパニー)が、その機会をわたしたちに与えてくれる。わたしたちが何らかの形態をもつ生と親密な関係——あるいは、家の関係——を構築するとき、分類学的な地平で分離をおこなう生物学的な隔たりは、髪や瞳の色と同じく、ただの二次的な偶発事となる。同じ屋根の下に住む種の数を増やすことでは十分ではない。家は、わたしたちが生を、いかなる規定もなく、それ自身として解放できるような空間にならなければならない。あらゆる愛の関係は、それが結びつける二つの個体へと区別なく属する生、匿名の生の解放を目指す。すべては万人に属しており、あらゆる要求は〔何かを所有しようとする要求であるがゆえに〕あさましいもの

3　マルクスの「プロレタリアート」についての著名な定義を参照している。マルクス「ヘーゲル法哲学批判」花田圭介訳『マルクス・エンゲルス全集1』大内兵衛、細川嘉六監訳、大月書店、一九五九年、四二七頁。

となる。このことは、諸個体が同一種に属しているときも、諸個体が別々の種や界に属しているときも、同じく当てはまるのである。

11　庭と森

数日もしないうちに、わたしの話し方は変化した。わたしは、もはや家には戻らなかった――森に戻ったのだ。わたしは家から出たのではない――森から降りてきていたのだ。この語彙の変化は、深い精神的な変様の、最も表面的な症状であった。たとえば、わたしは次のように自分で繰り返し考えていた。わたしは高層ビルを愛していたが、それはわたしが「ビルを眺めるとき」、ヒトに類する生物が出現した生態学的地位のなかで抱いていたはずの感覚――つまり、樹のてっぺんを見たときの感覚――を再発見することができたからだ、と。わたしの身体は大地を歩くためではなく、枝にぶら下がって日々を過ごすためにあると、理解したように思えた。それは精神錯乱の発作のせいではなかった。わたしの寝室は、地面から天井までにわたる窓がついていて、それを通して見えるのは下の階のバルコニーから伸びる木々の枝ばかりだった。わたしの部屋の向かいにある、数百メートルの高さの高層ビルや、その下にある公園を見ることができたのは、それらの葉のあいだからだった。毎朝目覚めると、熱帯の巨大な樹木が折り重なるなかにたまたま置かれた、人間の巣のなかで目を開いているような感覚を抱いた。客間が面していたバルコニーは主に、四メートルの高さの木々で占められていた。わたしは、木々がこのタワーの無機質な構造のうえに設置された森のルームメイトなのか、それとも反対に、イヌやネコのようにわたしの日々に寄り添ってくれているのか、判別できなかった。このアパートで暮らすことが――イタロ・カルヴィーノによる『木のぼり男爵』の登場人物である――コジモ・ピオヴァスコ・ディ・ロンドーの、樹のうえで住むという選択を繰り返すことを意味しているのか[1]、あるいは反対に、木々が人間の棲家に住むことにしようと決めたのか、判別するのは難しかったのである。

ボスコ・ヴェルティカーレの二つのタワーは、二〇一五年にミラノに建てられたのだが、ステファノ・ボエリによって構想されたものである。彼は、フリーデンスライヒ・フンデルトヴァッサーとエミリオ・アンバースによってすでに主導された設備を、ふたたび取りあげてラディカル化した。それらは世界的なアイコンになり、オランダ、エジプト、そしてメキシコでも再生産されるまでになった。この建物のなかで暮らした数日間で、わたしを最も驚かせたのは、街と住まいについての精神的な経験を変様させる力だった。街は、わたしたちの種に属する個々人を、石材に結びつける、人間的なモノカルチャーの一形態として何世紀も前に構築された。それは技術的には、地球〔の他の地域〕を過疎化することになった。この挙措によって、街はノンヒューマン的な本性をもつあらゆるものを、その周縁に追いやった。この街から取り残された空間、街の外や門のそばにある木々のことを、ラテン語の外にある木々（シルワ・フォレスティス）から由来して、森（フォレ）と呼んだ。だからこの語に普段、どんなにロマンティックな感情を結びつけようとしても、「森」は「異邦人たちの場所」と同義である。わたしたちと形態の異なるすべてのもののための、難民キャンプである。森を問題の解決策と見なしたり、都会のモノカルチャーの内部ではなく、このノンヒューマンたちの難民キャンプの生物多様性を増大させれば十分だと考えたりすることは、意味もなく民族的アイデンティティの証明書が重視されるような移民の状況に直面して、「彼らの家で」異邦人を援助すべきだと主張する者たちの態度と同じである。

このアパートのなかでは、建築文化と近代的な都会文化を特徴づける対立は思考不可能になっていた。木々は街の外にはもはやない。家のなかにあった。もっと言うと、家そのものであるように見えた。森はもはやエキゾチックで遠い実在ではなく、家のなかの事柄だった。マルク＝アントワーヌ・ロージエ——人類史の最初の住まいは、木の枝を結びつけることで建築されたはずだと想像した最初の人物——をはじめ、ヨーロッパ近代は森のなかに生きることに立

1　コジモは、ロンドー男爵家の跡取り息子であるが、父への反抗心から、樹のうえで生活することを選択する。イタロ・カルヴィーノ『木のぼり男爵』米川良夫訳、白水社、一九九五年。

ち返ることができる、あるいは森のなかに家を建てることができると、たえず想像してきた。この自然への回帰のシンボルは、「掘っ建て小屋」だった。ソローから現代まで、掘っ建て小屋は人工物、住まいのゼロ地点のモデルを体現する、逆説的で象徴的な機能を満たしていた。掘っ建て小屋は、建築されたという事実を隠し、ノンヒューマンの自然性のだまし絵となるために人工性を隠匿しており、あたかも、古代キリスト教神学の人の手によらない（アケイロポイエートスの）イメージの一つであるかのようだ。住まいを森のなかに持ち込むというより、ボスコ・ヴェルティカーレは森を住まいへと持ち込んだ。自然を歴史に先行したり、近代自身に先行するものと見なす代わりに、近代性はその最もアイコン的な象徴であるタワー、高層ビルを介して、自然をわたしたちのなかへ持ち込んだ。この反転によって、森の概念そのものが別の側面を得たかのようだ。なぜなら、森が高層ビルだとしたら、あらゆる森は、技術的で工業的で、自然的なところがまったくない事象であることになるからだ。

森を家の事柄へと変様させることは、家の経験を別の視点から改変することも意味している。木々がこのように領域を侵犯してくるように表れてきたことで、バルコニーには、それまでミラノで見たことのなかった、虫と鳥の半獣神が住むことになる。あたかもわたしたちと異なる種へと住まいが開かれていることによって、居住可能な空間、あるいは生態系の観念そのものが爆発したかのようだ。わたしが木々にアパートを開くと、木々は彼らの家を鳥と虫たちに開いたのだ。ある種が現前しても、他の種が追いやられることにはもうならない。ある種が住みつくことによって、他の種が来て定住することが可能になる。家は多種がもつれあう装置となる。各々の種の家は、他の種の身体である。したがって、あらゆる家は、つねに他者たちの家であり、他の生きものたちがすでに占拠していた空間なのだ。

このような家空間の観念的革命が、わたしたちと木々との関係を再定義することによって可能となるというのは、偶然のことではない。住居はつねに街に関連づけられてきたわけではない。長らく、自分の家にいることは、街に暮らすことや、街に定住したいということとは同義でなかった。住居はノマドであり、旅することができ、石材よりも動物に由来する材料で建てられることの方が多かった。家を都会的で、安定した、土地に定着した、それゆえ無機質なものとしてきたのは、庭である。人類が自分の運命を木々や、ある場所に現れた多年生の植物へと結びつけることを決めたとき、住居は旅をやめ、あらゆる植物とまったく同じように、領域に固定された。ある意味で、都会のあらゆる住居、動かない安定的な場所としてのそれは、植物的な思い上がり（ボヴァリスム）のようなものに属すると言いうることになる。ジュール・ド・ゴーティエは エマ――フローベールの小説〔『ボヴァリー夫人』〕の主人公――の態度に、病理学とは関係ないが、人間の最も深い特徴を規定する傾向性の症状を見出した。それは、「自分をありのままとは異なるものと思い込む、人間に割り当てられた能力」である。[2] 人間は諸形態のなかの一形態ではないし、諸種のなかの一種ではない。人間とは、他のすべての形態であるふりをしたり、そう信じたりすることのできる形態である。安定的な土地に居を構えるたび、都会的観点（プリズム）を介して住居について考えるたび、わたしたちは植物に似たものとなり、自分が木々であると想像する。街は森であることを夢に見る、個々人の連なりにほかならないのだ。

庭によって、それゆえ農業によって、街に住居をつかまえておくことができるようになったという考えは、長らく人類学にとって重要だった。その最初のパラダイム的定式は、有名な考古学者のヴィア・ゴードン・チャイルドに由来する。彼は初めて、紀元前一万年ごろの農業の出現を「新石器時代の革命」という語で描出した。彼によれば、それは「人間の経済を、みずからの食糧の支配権を獲得することで変様させた、最初の革命」にかかわっている。[3] ゴードン・チャイルドは次のように書いている。「人間は植え耕し、食べられる草と根、樹を選別することで、それらを改良し始めた。そして人間は、彼が提供しうる飼料と、彼が尽力しうる庇護、彼がなしうる未来への予測と引き換えに、特定種の動物たちを飼いならし、その者に強くなつかせるようになった」。「都会の革命」は農業であり、食糧を同じ場所に長期間たくわえ、保存する可能性がもたらしたものにほかならない。街は庭から発生したものである。

この洞察――もっと最近では、ジル・クレマンによってふたたび主張された洞察――を真面目に受け取るならば、変様するのは家の観念そのものだ。実際には、わたしたちの住む家は根本的に、多種的なプロジェクトである。植物と木々がある場所にしか、住居は存在することができない。反対に、わたしたちが客間で育てる観葉植物は、街の外に存在する植物を想起させるのではなく、わたしたちの家が、植物の生活形式と結びついたために動くのをやめたという事実を明らかにするのである。植物への愛によって、わたしたちはノマド主義と手を切ることができたし、庭への執着によって、自分の住居を街として組織することができた。庭は都会という組織の反対物ではない――その本来の核なのだ。

わたしたちが街に定住した理由が植物にあるなら、わたしたちが「文明化」しえたのは植物のおかげでしかないことになる。植物が原因で、わたしたちは自然の「野生」を失った。わたしたちは森のおかげで野生的であることをやめた。じつはそもそも、自然の「野生」のようなものなど存在しないし、実際に存在したことがない。現代の人類学は人間界における「野生」という観念からわれわれを解き放つが、それは、ある文化の自己意識が異邦人に投げかける、軽蔑と無意識のレイシズムの産物でしかなかった。ある文化が、みずからが優位に立っていると推定することは、あらゆる文化が他者を見るときの視点の結果である。あらゆる文化は「他

2　フローベール『ボヴァリー夫人』伊吹武彦訳、岩波書店、一九三九年。

3　ヴィア・ゴードン・チャイルド『考古学の方法』近藤義郎訳、河出書房新社、一九九四年。

者」を野生と見なす傾向にある。クロード・レヴィ＝ストロースは主著『野生の思考』で次のように述べている。「わたしたちが、野生を生物的で経済的な欲求によって統治されているにほかならないとみなす誤りを犯す場合、わたしたちは野生が自分に同じ非難を向けていること、野生にとっては自分の知的欲望の方が、わたしたちのよりもずっとバランスが取れているように見えていることに気づくことはない」。[4] わたしたちが学んできたのは、次のような思考である。つまり、より「自然」に近い文化など存在しないし、反対に、いかなる文化も「〔対立する二項の交換軸となる〕媒介が多すぎて」苦しむ〔ほど文化的に高い水準にある〕ことなどありえないのだ。同じように、文化的差異を道徳的完全性という観点から解釈することはできない。いかなる文化も、別の文化より〈善〉に達することはできないのである。

しかしながら、「野生」という属性が――「原始的」と同じく――人間の文化にかんする歴史的、そして科学的言説から根本的に排除されてきたとしても、この属性は、ノンヒューマンを扱う言説のなかには、なおも強く現われている。わたしたちは、生きものが人類の手助けなしに世界を構築する、あらゆる空間を「野生」と呼んでいる。わたしたちが躍起になって規定しようとするのは、自分たちにとっての〈善〉と、自分たちを完成させてくれうる諸条件とにかかわるすべての形態の生だけなのだ。

「野生」は、ノンヒューマンの生を参照する場合、二重の意味を獲得する。これはウィリアム・クロノンが、きわめて広範で重要な議論を導く有名なエッセイ、『ウィルダネスの問題――あるいは、誤った自然への帰還』で示すことである。[5] クロノンによれば、野生という観念の歴史とそこで育まれた逆説は、宗教的かつ新植民地主義的な先入見に結びついている。一方で、野生の観念（アメリカで〈ウィルダネス〉と呼ばれるもの）は、植民者による現地人たちの虐殺をなかったことにし、北米地域には誰も住んでいなかったとするフロンティア神話に養われている。他方で、砂漠は、以前は消極的な意味で、あらゆる道徳が不在である悪魔的な場所と見られていたが、ある種の崇高化を被り、神性との出会いの場へと、したがって、道徳的な完成に至る潜在的可能性をもつ空間へと変様した。それゆえ、自然公園という理念に表現される野生的自然の神話は、近代国家の建国神話の再来である。この神話において、自然は国家と文明に先立つものと見なされている。人間たちの結合は、自然状態に取って代わり、それを訂正し、差し止めるようになった。反対に、「野生的」自然の神話において、街はみずからの外にあるものは、街を、文明の行き過ぎから浄化させ、この行き過ぎのバランスをとることを可能にしてくれるものと想像している。この見方からは、「野生」という属性は、ノンヒューマ

4　クロード・レヴィ＝ストロース『野生の思考』大橋保夫訳、みすず書房、一九七六年。
5　ウィリアム・クロノン『変貌する大地――インディアンと植民者の環境史』佐野敏行・藤田真理子訳、勁草書房、一九九五年。

ンに適用された場合、人間の文化に適用されたときとは反対の機能を担っている。この属性は、人間の文化の場合のように文化と技術をもたないものを卑下するのではなく、逆に称賛する。人間はおそらく、他の種に比して技術的に優れてはいるが、道徳的に劣ってもいると見なされている。他の種が理性（そしてそれゆえに人工と文化）を欠くと前提することで、わたしたちは、「野生」状態にある生きものを人間よりも純粋で本来的であると信じている。それらは誤った選択をなす可能性がない。なぜなら、それらは自分にとってよいものから離れることができないからだ。主観性と自由が欠けているがゆえに、ノンヒューマンは自分の〈善〉からけっして離れることができないということだ。ダーウィンのおかげで生物学は、人間の生が他の形態において表現される生と異なっていないことを理解できたのだとしても、それにもかかわらず、ノンヒューマンの生が、絶対的かつ不可避的にそれら固有の自然と完成とに密着していると理解しつづけている。〔その考え方によれば〕自然史は、道徳的に偶然なものではない。つまり、競争原理によって自動的に行われる進化のための選択は、かならず地域的かつ地球規模の有用性を生み出しており、万人にとってと同じく、種にとっての「よりよいもの」の支配を促進することになる。ノンヒューマンの生が誤った選択をすることは想像できない。ノンヒューマンの種の「軽率さ」によって引き起こされた錯誤、無理解、大災害の発生など、想像しえないのだ。あらゆるノンヒューマンの生が自動的かつ無意識的に〈善〉と完成に至ることのできる、目的論的秩序が存在することになるのだから。だからこそ、あらゆる進化に隠された有用性の論理は、この見方において人間的合理性より優れた、ある種の道徳的合理性を表象している。以上のような論理によれば、ノンヒューマンの共同体が歴史上の偶然であるとか、文明の下書きであるとか、同様に、知の蓄積と運搬であるとは理解されえない。この神学的自然という先入見（ノンヒューマンの生が自分自身で〈善〉への傾向をもつこと、そして進化が体系的に別の種のためになる選択を行うことを示すのは科学的には不可能であるから、これは「神学的」であるのだが）は、「野生」を、人類と人工物の世界のなかで生み出された政治的秩序よりも道徳的に高尚な秩序とみる、あらゆる言説の起源にある。

この先入見を乗り越え、野生から解放されるためには、人間が動物の一種であることを肯定するだけでは十分ではない。さらに人間とノンヒューマンの生を代わる代わる理想化する傾向に逆らっていかなければならない。あらゆる種のあいだに認知的に、そしてとりわけ道徳的に、完全なバランスがあるとすれば、それはあらゆる生は道徳的にあいまいな存在であるということにおいてなのである。自然による倫理的完成を託された生きものなどいない。だからこそ、わたしたちはみな「外界の闘いから身を退けるための」家を建てる必要があるし、この地球上で自動的に家にいるものなどいないのである。

しかしまた反対に、わたしたちと植物の関係は、わたしたちがつねに自分を他の種と結びつけることで自分の住居を建てていることを暗示しているように思われる。自分の種的なアイデンティティの、固有な〈善〉と完成へと自動的に至ることは不可能である。なぜなら、あらゆる種の運命は、他の種の手のなかにあるからだ。あらゆる種は他者の生を起点として、自分の家を建てる。地球全体は、生がたえず建築についてのすぐれた思索を生み出していく、巨大な郊外なのだ。

12　台所

長いあいだ、わたしは料理ができなかった。料理について部分的に知らないというのではなく、世界の一部を食べられるものに変える、この手順全体について根本的に縁がなかったのだ。タマネギをどのように剝いて、スライスするかを知らないだけではない。タマネギが、自分が毎日食べている料理の、基本的な材料を構成しているということさえまったく考えていなかったのだ。味付け、ソース、ブイヨンとは何かについてまったく知らなかった。

わたしだけが悪いのではない。わたしが受けてきた教育は、食べ物のことのみならず、自己のケアと解剖学にかんするあらゆることについて大きな欠落があった。あらゆる個人が行為し、物質とそれを取り巻く空間とを食べられるように変様させているという事実は、あまりに複雑で、あまりに神秘的で、社会に不適合な若者であったわたしには解明できなかった。

美食産業が大流行していた時代だった。さまざまな理由で食糧は、すでに作られ、調理されて缶やカラフルな包みに入っており、ごくわずかな作業だけすればよい状態で食卓に到着したものだ。食糧はわたしにとって、小石や雲、あるいは自然に生み出されるもののように、すでに作られたものであるように思われた。それはちょうどチョコレートがそうで、ミミおばさんは、チョコレートは彼女の家の一部屋に隠してある、神秘的なチョコレートの樹からとれるのだと、わたしに信じ込ませたものだった。料理のためにはいかなる想像力も働かせず、腕まくりなどしたことがなかった。この盲目は、なによりわたしの性差（ジェンダー）によって規定されており、現実の経験というよりは、信仰の行いだった。わたしのまわりには料理をする人たちがいた。とりわけ、わたしのために料理をしてくれたが、わたしには見えないままであるような人たちがいたのだ。

しかし問題は、道徳的または認知的なものだけではなかった。料理を知らない、料理ができないということは、文字通り世界内に存在しない、つまり、世界の一部をなすすべてのものにわたしを結びつける現実的関係の手前にまだ身を置いているということを意味する。わたしたちが料理の名のもとに束ねる挙措、実践、味、考え方はすべて、じつは物理的あるいは生物的に生き延びたいという欲望の表現にほかならず、自分たちの日々の瞬間を彩る、ただの束の間の、二次的な飾りではない。料理はわたしたちと世界の関係の現実であり、同時に象徴である。わたしたちは世界をラディカルに変様させ、世界によって変様させられることでしか、世界であり、世界になることはできない。わたしたちは中世の魔術なら「魔法陣」と呼んだであろうものを毎度構成することでしか、世界であり、世界になることはできない。それはばらばらな要素の連なりを接合し、変様させることを可能にし、象徴化する定式だ。料理はわたしたちを取り巻くものを変様させるだけでなく、わたしたちが切ったりスライスしたり、揚げたり煮込んだり、ゆでたり焼いたりしたものを介して、わたしたち自身のメタモルフォーゼを創始し、用意する。それは、それぞれ無関係な宇宙の諸部分が呼び出される面会予約（ランデヴー）である。それらの部分は、その後も同じ見た目、形態、経験をもつことはもはやない。毎度の食事は、宇宙全体が参加するよう命じられている神秘への、通過儀礼である。タマネギ、トマト、野菜、穀物、オリーブ、さらにはわたしたちの身体そのもの。材料——文字通り台所「に入る」もの——は、最初にそうであったのと同じ状態で、台所から出てくることはない。

料理とは少なくとも二つの理由で、あらゆる現実と、世界と惑星との関係の、超越論的形態である。第一に、料理という行為は、現実とのあいだに、〔一対一の〕純粋な関係、または絶対的な敬意のある関係は存在しないことを証明する。わたしたちは世界を変様させることなく、世界と親密な関係を結ぶことができない。わたしたちは世界の料理人である。世界をたえず料理し、変様させ、自分を変様させ、自分が料理するものとともに自分を料理する。すべてはたえざる相互的な操作のなかに捉えられる。第二に、世界と関係することは、見世物を観るように世界の前に立つことではない。沈思黙考することは存在しない、というより、それは世界を調理する仕方の一つにほかならない。料理は先住民が存在しえないことを明白に示している。空間や土地、場所、生きもの全体との、直接的で変様せざる関係は存在しない。そしてとりわけ、わたしたちが信頼しうる、あらかじめ設定された秩序など存在しない。世界内に存在しつづけることができるために、わたしたちは世界を料理しつづけねばならない。世界を湯がき、切り、組み合わせ、その香り、味、芳香とかたちを変える。わたしたちは「自然に逆らって」いかねばならない。その自然の見た目と、わたしたちの自然の見た目に逆らって。

わたしたちは、自分と世界を混ぜあわせ、自分を取り囲むすべてのものに浸透されなければ、世界に住まうことはできない。料理することは植物、菌類、動物の犠牲のみならず、とりわけ自己を犠牲にすることを意味している。わたしたちは、食事のあとにはけっして同じ人間ではないし、だからこそ食べる必要がある。同様に、自分の家にいるためには、物理的な場所を探し、そこに形態を与えるだけでは十分ではない。他者の身体を介し、自分を取り巻くものによって浸透されることがなければ、家にいることはできない。

この視点からすると、あらゆる生ける身体は世界を料理し、あらゆる生きものは大地に味わいをもたらす――かならずしも可食的でもなければ、快適でもない大地に。根本的に、インド思想の非常に繊細な解釈者は次のように書いている。「調理された世界は〔…〕それに先行していた生（なま）の自然な世界へと戻る。というのも結局は、あらゆるものはすでに料理され、ふたたび料理をすることだけが問題だからだ」。

世界を料理するのは、生きとし生けるもののなかに含まれる火にほかならない。わたしたちはあまりにもしばしば忘れてしまうのだが、動植物たちに命を吹き込むエネルギーとは、植物がその身体に捕まえ、大地の無機質な肉体に吹き入れる太陽エネルギーであり、植物がそれをあらゆる生きものに対して利用可能にする。わたしたちの血潮に流れるのは地球外の要素であり、まさにその地球外エネルギーが生を可能にする。生きものたちのすべての相互行為は、ある意味で光の料理と運搬である。わたしたちは、あらゆる経験を通じて料理し、世界に料理される。あらゆる生ける身体は世界の料理なのだ。

あらゆる生きもの同士を結びつけ、生きものを食糧に変様させるのみならず、とりわけ自己を用いた料理へと変様させる、この奇妙な形態化の最も強力な証拠となるのが、哺乳類という驚異的な＝地球外的な発明である――つまり、哺乳類の乳である。母子をふたたび結びつける紐帯とは、一方が他方に利用できるものになり、またその逆にもなることを可能にする、自己変様の関係である。愛は自己を料理することである。何者も他者を変様させ、自己を変様することなく他者と関係することはできない。

乳の例は、他者の食糧となろうとする意志の唯一の例ではない。わたしたちが果実や野菜と呼ぶものにおいて、植物は同一のメタモルフォーゼを経験する。それらの植物は、このメタモルフォーゼによって、相互的な調理場を介して、自分の身体の一部を自己の料理とし、〈別の種ではなく〉別の界に属する個体へと結びつけるように導かれる。わたしたちは同様に、この観点を介して、さまざまな植物種同士をふたたび結びつける、食べることとの関係を考えるべきだろう。しかし、この関係については、わたしたちはつねに狩りという隠喩を介してのみ思考することに慣れている。このイメージは、あらゆる他の生との関係が、不可避で供儀的な、捕食という一種の暴力を経ることになる、という苦い幻想を世界に投影する。この幻想によれば、一方の生は他方の死と一致する。しかし、あらゆる種は他種の乳である。種と種の純粋な出会いなど存在しない。なぜなら、あらゆる身体は自分を料理することで存在するからであり、それぞれの種のアイデンティティは、相互の腐敗と、取り巻くすべてを吸収するメタモルフォーゼの渦とを介してはじめて他者との関係に入ることのできる、不安定な実在だからである。

生が自分自身と出会うことができるのは台所においてのみであり、生が別の形態に至りうるのは、自己を乳にすることによってのみである。だからこそ、生けるもののうちで、〈あらかじめ定められた不変の〉運命に服従するものはいない。あらゆる料理、食事は、現在と関係のない味や色、固さの発明である。世界が料理であるのは、それが生きものによってたえず性質と形態を変えているからであり、過去がそれを決定づけることなどありはしないからだ。料理の本質はつねに物質の味、匂い、固さを生み出すことができるということにある。それらは、データ、現在、直接的なものがいまだに明らかにしておらず、生み出すことができそうもないものなのだ。いかにして、自然製法のワインの芳香や、ウィスキーのピート香を、その材料から予測できるだろうか。そしてどれほど、この香りが生み出されうるために世界を変様する必要があるのか。この香りは、わたしたちと他者の身体が出会うことにおいてしか与えられないというのに、それを前もって知ることはできないだろう。

料理とは、世界をその外に投影することのできる、一種の占いである。そして、この儀式が行われる家空間とは、根本的にクリスタルの王宮であり、変様のスパイラルを作り出す蒸留器であり、それは天然のものであれ、すでに変様したものであれ、植物種と動物種が相互に変質しあう場である。この観点からは、台所は庭の反対物である。遠くから依存しあう関係において、多様な生物種を横並びにするかわりに、台所は一種の、空間とアイデンティティの爆縮を引き起こす。この〔まるで宇宙の物質をみずからに引き寄せる巨大な恒星の〕爆縮において、すべてはすべてのなかに浸透せざるをえず、そのことで〔ビッグバン以降の宇宙の〕始めにあった元素にない性質が〔原子核の圧縮により〕獲得される。

台所の存在はわたしたちの家を、広大で存在論的な試着室となす。そのなかでは、限りなく多様な性質が、宇宙における新たな役割をみずからに思い描くようになる。台所において、あらゆる家は閉鎖的で所有された、絶対的に人間的な空間であることをやめる。豚、鶏、牛、小麦、カカオ、コーヒー、トウモロコシ、ヘーゼルナッツ、洋梨、リンゴ、バナナ、レタス——最も遠い生命たちが、わたしたちの身体の材料を原子ごとに入れ替える、世界でただ一つの場所においてで会う約束をする。わたしたちが人間的でなくなるのは、わたしたちがもつこの空間においてである。フランケンシュタイン博士の奇妙な化け物と同じ仕方で、わたしたちは仔羊、洋梨、アスパラガス、〔キノコの〕イグチの生において再受肉する。わたしたちは彼らの肉体を受け取る、あるいは、わたしたちの身体、形態を介してそれを生きさせる。わたしたちは宇宙の肉屋であり、そこで多様な何十もの種が死去し、彼らのとは異なる形態のもとで蘇生する。そして台所を介して、家は巨大な渦巻きに変様し、そのなかですべてが顔を変えながら、すべての身体のなかに移行する。

ブルジョワ的な住居に台所が到来したのは遅かった。台所は、実際にそれらの住居を統合的に摂取吸収し、その新たなパラダイムとなって住居を共同実験室に変様させた。それは、わたしたちが自分自身を変質させ、世界が毎日、日々異なる仕方で正しい配合率と、ありうる共同の幸福を見つける実験室である。新たな街は、化学的な歪みのようなものとならねばならないであろう。この歪みにおいて、材料とわたしたちを相互に、そしてあらゆるタイプの材料と混ぜあわせることで、生命の秘薬を発見しようと試みることができる。

哲学は家を起点として街を、台所を起点として家を考えねばならないことになる。建築学は、ウィリアム・クロノン、キャロリン・スティール、ドロテ・アンベールの諸研究のおかげで、このことを試してみようとする。都市の空間を台所の観点から観察すれば、街は自分が想像していたよりもずっと広大であると認めざるをえなくなるだろう。わたしたちが一般に排除してきた、あらゆるノンヒューマンの生きものは、その一部であるはずだ。人間の街は小麦やトウモロコシ、米なしには、リンゴの樹や豚、牝牛、仔羊なしには不可能である。わたしたちの街を居住可能にしているのは、なによりノンヒューマンたちなのだ。そしてわたしたちの家を居住可能にしているのもまた、それらの存在である。家に入る権利をもたない者たちはみな、台所を通って入ってくる。それは混合の部屋であり、そこでは諸々の物と人のあいだの境界は差し止められ、人間とノンヒューマンの対立は祝祭的融合へと反転させられているのがわかる。

別の側面からみれば、台所は、わたしたちが未来の家を想像し、構築すべき方法について、模範とヒントを与える空間となる。それは両義的で矛盾的な空間である――一方で家において、各々が世界を変様させることができるようになる火の番人として、台所は原始人の古い名残りであるように思われる。他方でそれは、あらゆる家が技術的な器具を最もたくさん設置しているとみられる場所であるだけでなく、さらに、家が真に実験室、技術的なもの、工場、発明と人工物の空間となる場所である。台所は、とりわけ技術的な空間でありながら、わたしたちの生の只中で技術がまというる最も高尚で崇高な形態でもある。わたしたちの食べ物を生み出しうるために、他の生きものとわたしたちの身体を変様させる行為において、美食は、あらゆる真の技術が、つねにある種のケアであることを示している。自己と他者に対して究極的に、愛をもって気を配ることであり、個人的かつシェアされた幸福の追求であり、一時的であると同時に可変的な調和の発明である。この発明の唯一の目的とは、生を快楽と共歓へと曲用することである。わたしたち生きものは、獲物ではない。あるいは、獲物であるだけではない。わたしたちはみな、とりわけ、互いに対する果実である。そして、わたしたちはたえず互いに求めあっている。なぜなら、他者の味はわたしたちを陶酔させるからだ。

結論　新しい家、あるいは賢者の石

　始まったばかりの時代は、歴史――人間とノンヒューマンの歴史――がこれまで連ねてきた、どの時代とも異なっている。この時代は、これまでの情景に含まれていた要素をわずかに動かしたことによる偶然の結果ではない。世界を観察する新たな眼差し、新たな精神が現れたことの帰結にほかならない。

　この時代における過去との切断は、これまでよりもずっと重要である。変化したのは、惑星の住人たちではない。変様させられたのは、惑星そのものだ。地球はここ数十年で、技術的かつ生物的、気候的、地質学的な、前例のない急加速を経験してきた。機械と人工物の大軍勢が地表を覆い、それを動かすために莫大な量のエネルギーが消費された。

　数多の生物種が消え去ったが、このことが意味しているのは、何世紀にもわたって共に進化し、構築してきた生態学的なバランスが、新時代で始まったメカニズムによってとめどなく変わっていくだろう、ということだ。

新たな気候の体制は、後戻りできないかたちで生物群系（バイオーム）のバランスを変えることで、生物の形態と、数多の植物と動物、生物種の地理的な配分とに変化をもたらした。

人間活動の増大は、地球の地表を、過去とは比べものにならないほどに変様させてしまった。わたしたちは、自分の祖先が経験し、記述し、描出し、撮影してきたのとは異なる惑星にいるのだ。

あたかもわたしたち——人間、植物、動物、菌類、バクテリア、生命の原質——がみな、別の惑星に着陸したかのようだ。わたしたち以前には、誰もこの惑星を見たことがない。誰もその力を測ったことがない。

わたしたちはパイオニアだ。わたしたちは新しいイヴとアダムであり、世界を探査し、事物に名前をつけ、誰も試したことがない新しい味を試して舌をやけどし、ひざをケガすることを強いられているのだ。いままで誰も住んでいなかった領域へと冒険することによって。

しかし、聖書の神話がいうのとは反対に、この新たな惑星を庭としなければならないのはわたしたちだ。わたしたちは、脱出口をもたない。ほかに解決策はないのだ。

わたしたちは地球の娘や息子ではないし、地球はわたしたちの母ではない。わたしたちを結びつけあう関係は、それよりずっと強く、ラディカルで、避けがたい。わたしたちは地球の肉のなかの肉である。わたしたちの生はその身体と親密に結びついている。わたしたちは地球の身体のうちで、地球の身体によって生きている。

なかでも、わたしたちは石にすべてを負っている。

わたしたちは主として石材の建物に住んでいる。それは洞穴ではなく、わたしたちが限りなく多様なかたちを与えた、巨大で無機的な建造物である。わたしたちは、あらゆる種類の石材に取り囲まれて、日々の大部分を送っている。わたしたちは石でできた場所で、食べ、眠り、セックスし、料理し、体を洗い、甦る。化学的に構成された、多様な石の壁のなかでこそ、わたしたちは思考し、想像し、夢想し、書き、描き、芸術作品を制作するのである。

石はわたしたちの生の黙せる証人であるだけではない。石は別の仕方でも、わたしたちについてくる。わたしたちは移動するとき、石と金属の道具を用いる。それは車と呼ばれ、ガラスと金属でできており、液状化した奇妙な形態の石、つまり石油で養われ、それによってわたしたちは地面を移動することができる。別の金属的なものである飛行機もまた石から作り出されており、それによって空を移動することができる。さらに別のもの、船もまた金属の組み合わせによってできており、それによって水上を移動することができる。これらの変形した石のおかげで、わたしたちは自分の生のみならず、惑星全体の生をもラディカルに変様させることができる。石はどこにでもあり、海や空にもある。そして仮想的な石の回廊が開かれており、あらゆる生物種は領域を変え、地球の地表を移住することができる。

しかし石はとりわけ、今日のわたしたちの生を規定している。石と金属からなる物——パソコン——のなかでこそ、わたしたちは自分のすべての記憶と思考を記録している。それはポリマー、プラスチック、セラミック、銅、鉄、ニッケル、ケイ素である。今後、わたしたちの脳は、惑星と同じ物質で作られる。そして黒い石板——携帯電話——のおかげで、わたしたちは惑星の地表のどこかにいる、誰とでもコミュニケーションをとることができる。それは、銅、銀、金、タンタル、ニッケル、ジスプロシウム、プラセオジム、テルビウム、ネオジウム、ガドリニウム、ケイ素、酸素、アンチモン、ヒ素、リン、ガリウムでできている。他の物もそうだ。わたしたちは地球によって、世界全体と繋がることができる。わたしたちの感情はいまや、身体を介してのみならず、ガイアの身体を介して伝達される。つまり、石を介して。根本的には、わたしたちは石器時代を抜け出せていないのだ。

　わたしたちはあたかも、つねに地球の身体において自分の生を変様させているかのようだ。地球から、自分の解剖学的身体を補完する義肢のようなものを作り出しているかのようだ。この地球が人間化される時代は、人新世と名づけられた。わたしたちは地球の力を獲得すること、石の力のすべてを所有すること、自分の思考、感情、生で惑星の物質を満たすことを望んでいる。それは無意識なかたちでの、自己愛的（ナルシシック）な強迫観念である。お望みならこう言おう、わたしたちは〔ナルキッソスが湖面に映し出される自分の顔に見惚れたように〕自分の顔が地球に映し出されていることを、いつも確信していた。そう見えたことを隠そうとしてきただけだ。

　わたしたちは、どこにいても自分の家にいる。すべては人間によって住まれており、あるいは住まれてきた。地球のどの部分も、部屋、ガレージ、台所、物置、化粧室に変様させられてきた。人新世を記述する仕方の一つは、惑星そのものが家となっていると述べることにある。もはや、いかなるかたちでも外部性は存在しないし、空間的な差異は存在しない。そのため、新時代には街も終わりを迎える。わたしたちはもはや、家から出ることはできない。それは監禁や外出禁止にかんする事柄ではない。家は、もはや残りの空間が存在しないほどに諸世界と「諸惑星」とを含みいれるようになった。反対の見方をすれば、家そのものが惑星になったと述べることもできる。惑星はわたしたちを侵略し、惑星の力はわたしたちを貫き、その権力はわたしたちを加工する。ガイアに浸透されることが意味するのは、生をしばしば変化させねばならないこと、自分固有の生を他の種へと移行せねばならないこと、自分固有の形態を、惑星上を移動できるような生命の一形態でしかないと見なすことだ。だからこそ、地域的（ローカル）なものと地球規模（グローバル）のものの対立は、内部と外部を隔てる対立とまったく同じく、地球と地球外との対立という語によってのみ解されうる。しかしわたしたちは、別の惑星に行くとき（そして、行くならば）、自分の家をもっていかないではいられない——たとえそこでいう家が、たんなる空間の組み合わせに還元されるものだとしても。わたしたちはどこででも、家というモデルを複製するよう定められているのだ。

このメタモルフォーゼの帰結を測るのは難しい。

それは第一に、家の代わりとなる空間を創造し、生産することの幻想という意味での近代の終わりである。近代は、古代の家政（オイコス）の生産と手を切ることで始まった——富の生産を公的で政治的な出来事へと変様させたのだ。家空間へと労働が回帰したことは、近代という時代の終焉の、最初の兆候にすぎない。今後、家–惑星こそが、自律的となるために街と手を切るのだ。

街は、感受性をもつすべての生を吸収してきた。美術館、デパート、パノラマ、万国博覧会は、街での生活を野外の祝祭へと変様させる、影絵芝居を作り出してきた。少しずつ、この感覚の祝祭的爆発は、家に入り、決定的に内部に住みつくための開口部あるいは道を見出した。感覚が掻き立てられるべきだと思われているのは、家においてである。発見を行い、他者たちと出会い、比類なきヴィジョンを得るのは、家においてなのだ。

この新たな空間において、この惑星となった家において、コスモポリタンでないことは不可能である。それは、地域的アイデンティティを要求することが不可能なのとまったく同じである。大陸と国家は唯一の巨大なアパートの一室である。何かを征服しようと欲することはできない。それは台所から浴室の植民地化に、あるいはその逆にのりだすようなものだからだ。

近代の幕開けを伴う（ハムレットを筆頭とした）悲劇的英雄たちが実行しようとしてきたよ

うに、家での〔私的な〕真理を棄てることで、公的な空間を打ち立てようと想像するのは不可能となった。それは、とりわけ〔あらかじめ定められた筋書きとしての〕運命を抹消された形象である。新時代においてそれが不可能となった理由とは、すべてが家であるとしても、家のなかはすべてが未知のままだからだ。いまや自分の家において、わたしたちのまったく知らない無数の人々が存在する。自分の家には、わたしたちが思いもよらない森や動物の群れが存在する。自分の家には、わたしたちがその機能や意味を知らない物が存在する。

惑星全体の広さにまで膨張した家は、あらゆる形態の地理学と系譜学とを爆発させる。最も小さな生きものでさえ、宇宙を料理しているし、その味を不可逆的に変化させる準備ができている。惑星の最も小さな部分でさえ、わたしたちがその跡を追うことすらできないルームメイトの一人によって料理されてきたのだ。

家–世界の誕生は、生態学の終わりをも示している。生態学ははじめて惑星を、惑星規模の家空間として想像した。一七四九年、生態学の最初の偉大な試論としばしば考えられている著作（『自然のオイコノミア』）においてそれを推察したのは、リンネの弟子の一人であり、生きものの生物学的分類体系を生み出したスウェーデン人生物学者、I・J・ビベルクその人である。この〔惑星を家と考える〕方向性の理由は、その神学的な性質にあった。当時、生物学者の大部分は種の変様あるいは進化を信じていなかった。すべての種は時間のなかで不変であると見なされていたのだ。こうした文脈において、アメリカのバッファローとオーストラリアバエのあいだに存在しうる関係を理解する唯一の方法とは、それらの各々を想像し、構想し、創造した何者かの視点——つまり神の視点——を引き受けることであった。神は、それら各々の存在に責任をもって二つの種のあいだに、すべての生物種間と同じ関係を考え、打ち立てたはずだということになる。神はキリスト教世界において、ただの統治者もしくは政治的リーダーの人民への関係とは異なり、むしろ父親の家族と同居者への関係と同じ仕方で、世界へと関係する。彼は、自分が世界を創造したからこそ、世界へと力を及ぼすのである。他方、世界から神への関係は、臣下が主君に対する関係ではなく、むしろ息子の父親との関係に類似している。地球上のすべての生は、ただ一人の〈父〉——神——の唯一の同居人であり、家族である。ここうした理由で、ビベルクとリンネはこの学を「自然の家政(オイコノミア)」と命名したのだ。惑星は今日、唯一の種の家空間へと変様させられている。それは、生態学創立の父たちが想像した、完全なバランスとは真逆である。それはまさしく、あらゆる生物がいま家(わたしたちの家、人間の家)にいるからであり、ありうる「自然の」バランスなどもはや存在しないからだ。

世界としての広大な住まいにおいて、いかに暮らすべきか。そこで哲学——都会の知と考えられている学問——は、わたしたちをどのように助けてくれるのか。いかにして、地球を侵略するこの石材から、異なるものを作れるか。長くて古い、秘教的な伝統をもつ点で、哲学は化学と同一である。この伝統は、幾世紀ものあいだ、錬金術（アルケミー）という名をもっていた。この語は、ギリシャ語の化学（キメイア）のアラビア語への転写であり、その意味は混ぜることであった。哲学を化学の一形態と考えることは、一方で、思考と物質とのすべての分離を拒否することを前提とする。思考は石であり、石の特定の動きである。他方、思考を世界の化学となすこと、つまり、世界の物質的な構造そのものを変様させうるものとなすことは、あらゆる思考が宇宙的な総合の行為であると想像することを前提とする。それは、存在するものの再生産も、あるいは反対に、存在するものへの新たなものの導入も行うことができる総合である。思考することは世界の抽象的な形態を物質へと表象し、投影することをもはや意味しておらず、その新たな形態を総合すること、物質的に世界を変化させることを意味している。したがって、物質的に最も小さな変様とは、思考という行為、つまり観念である。

　この化学を用いることで、わたしたちは自分を救うことができる。石と家の時代から脱出するのではなく、石と家を別の、ずっと繊細で柔軟なものに変えることが重要だ。わたしたちは速やかに、気候や時間が変化しうるのと同じくらい速やかに、自己を変様させうる家を想像しようとしなければならない。錬金術の目的は、賢者の石〔＝哲学の石材〕を総合することだ。錬金術が求めるのは、石の別の構造ではなく、あらゆる石がどんな別の形態へも変様し、したがって世界の肉体の各原子の統一とバランスを明示しうる原理である。未来の家はこの賢者の石とならなければならないことになる。それは、あらゆる物が相互に変様しあい、あらゆる生が、自分があらゆる別の生と同等であると知ることができる原理である。過去の家がそれらを区別する機構だったとすれば、家は将来、集団的な混合の規範となる。それは、階級の混合であり、アイデンティティの混合であり、人民の混合であり、文化の混合である。家はつねに、世界の台所である。家によってこそ、地球は新たな味を見つけることになるであろう。

謝辞

わたしがこの本を書き始めたのは、惑星全体が数か月間――夢にも思わなかったことだが――〔COVID-19により〕封鎖状態に陥ってしまう前だった。この奇妙な偶然によって、文字通り家についての著作は世界についての著作へと変様してしまった。しかしこのことはまた、そしてとりわけ、時を止めることにもなった。そのときすごした日々は、出版ではなく執筆の機会にかかわっていた。

たくさんの人たちがこの本の一部を読み返し、その改善のために手助けをしてくれた。他者たちとの対話が、この本の多くの頁の糧となった。次の人々に感謝しておきたい。

Giorgio Agamben, Frédérique Aït-Touati, Annalisa Ambrosio, Léonore Bancilhon, Marcello Barison, Stefano Boeri, Lidia Breda, Arianna Brunori, Barbara Carnevali, Hervé Chandes, Michela Coccia, Emanuele Dattilo, Chris Dercon, Alessandro de Cesaris, Cecilia Granara, Donatien Grau, Fabian Ludueña, Laura Maeran, Annalisa Merelli, Annalisa Metta, Alberto Parisi, Philippe Parreno, Nora

Philippe, Éric Philippe, Philippe Quesne, Camille Richert, Paolo Roversi, Bas Smets, Michele Spanò.
最後に次の人々に感謝したい。Paolo Repetti には、新しい家に招き入れてくれた寛大さに、Rosella Postorino には、書くことを教えてくれたことに、Maria Luisa Putti には、イタリア語の聖なる神秘への手ほどきをしてくれたことに感謝したい。
この本を娘に捧げる。六年前から、家とはなにより、彼女とともに、彼女のために可能となったすべての行為である。

本書の成り立ち

この本はイタリアで二〇二一年六月に、エイナウディ出版のStile Libero叢書において、パオロ・ロペッティの編集によって、*Filosofia della casa*（家の哲学）というタイトルで出版された。ある部分は——少し異なるかたちで——『リベラシオン』紙の記事として刊行されていた。「自分の家であること」（二〇二〇年十月九日）、「言葉、それは粉である」（二〇二〇年十一月六日）、「巫女の反響」（二〇二〇年十一月二七日）。『リベラシオン』紙とセシール・ドマに、彼らの寛大さに感謝したい。

双子にかんする章は、二〇一八年、モナコ哲学祭での講演の一部を再掲したものである。この講演は、モナコ哲学祭出版によって「哲学とは何か」というタイトルで二〇一九年に小さな本として出版されている。シャルロット・カシラギ、ロベール・マッジョーリ、ジョゼフ・コーエン、ラファエル・ザグリ＝オルリとローラ・ユーゴに、彼らの寛大さに感謝したい。

参考文献

ÁBALOS Iñaki, *The Good Life. A Guided Visit to the Houses of Modernity*, Zurich, Park Books, 2017.

AÏT-TOUATI Frédérique, ARÈNES Alexandra et GRÉGOIRE Axelle, *Terra Forma. Manuel de cartographies potentielles*, Paris, B42, 2019.

ALLEN John S., *Home: How Habitat Made Us Human*, New York, Basic Books, 2015.

AMBASZ Emilio (éd.), *Italy: The New Domestic Landscape*, New York, Museum of Modern Art, 1972.

ATTILI Giovanni, *Civita. Senza aggettivi e senza altre specificazioni*, Macerata, Quodlibet, 2021.

AURELI Pier Vittorio et MASTRIGLI Gabriele, *Dogma: 11 Projects*, Londres, Architectural Association Publications, 2013.

BACHELARD Gaston, *La Poétique de l'espace*, Paris, PUF, 1957.〔『空間の詩学』岩村行雄訳、ちくま学芸文庫、二〇〇二年〕

BANHAM Reyner, « A Home is Not a House », *in* John Oackman (éd.), *Architecture Culture 1943-1968, A Documentary Anthology*, New York, Rizzoli, 1993, pp. 370-378.〔「A HOME IS NOT A HOUSE」中村敏男訳『都市住宅』一七号、一九六九年九月、二〇～二四頁〕

BETSKY Aaron, *Making it Modern. The History of Modernism in Architecture and Design*, New York, Actar, 2016.

BILBAO Tatiana, *A House Is Not Just a House: Projects on Housing*, Columbia Books on Architecture and the City New York, 2018.

BOERI Stefano, *Un bosco verticale. Libretto di istruzioni per il prototipo di una città foresta*, avec les contributions de Michele Brunello, Laura Gatti et Julia Gocalek, Milan, Corraini, 2015.

BRANZI Andrea, *La Casa Calda: Esperienze del nuovo Design Italiano*, Florence, Idea Books, 1984.

BRANZI Andrea, *E=mc². Il progetto nell'epoca della relatività*, E. Cattaneo (dir.), New York, Actar, 2020.

BRAYER Marie-Ange et CYRIAQUE Emmanuel, *Ant Farm Redux*, Orléans, Éditions Hyx, 2007.

Bryson Bill, *Une histoire du monde sans sortir de chez moi*, traduit par Hélène Hinfray, Paris, Payot, coll. « Petite Bibliothèque Payot », 2015.

Celant Germano (éd.), *Cucine e Ultracorpi*, Milan, Electa Triennale, 2015.

Colomina Beatriz, *Privacy and Publicity: Modern Architecture As Mass Media*, Cambridge (Mass.)/Londres, MIT Press, 1994.〔『マスメディアとしての近代建築――アドルフ・ロースとル・コルビュジエ』松畑強訳、鹿島出版会、一九九六年〕

Colomina Beatriz, *Domesticity at War*, Cambridge (Mass.)/Londres, MIT Press, 2008.

Colomina Beatriz (éd.), *Sexuality & Space*, Princeton, Princeton Architectural Press, 2000.

Colomina Beatriz et Wigley Mark, *Are We Human ?: Notes on an Archaeology of Design*, Baden, Lars Müller Publishers, 2016.〔『我々は人間なのか?――デザインと人間をめぐる考古学的覚書き〈新版〉』牧尾晴喜訳、BNN、二〇二三年〕

Cronon William, *Uncommon Ground – Rethinking the Human Place in Nature*, New York, W. W. Norton, 1997.〔『変貌する大地――インディアンと植民者の環境史』佐野敏行訳、勁草書房、一九九五年〕

Englert Klaus, *Wie wir wohnen werden. Die Entwicklung der Wohnung und die Architektur von morgen*, Ditzingen, Reclam, 2019.

Elias Norbert, *La Société de cour*, traduit par P. Kamnitzer, Paris, Calmann-Lévy, 1974.〔『宮廷社会』波田節夫・中埜芳之・吉田正勝訳、法政大学出版局、一九八一年〕

Forino Imma, *La Cucina. Storia culturale di un luogo domestico*, Turin, Einaudi, 2019.

Groys Boris (éd), *Russian Cosmism*, Cambridge (Mass.)/Londres, MIT Press, 2018.〔『ロシア宇宙主義』乗松亨平監訳、上田洋子・平松潤奈・小俣智史訳、河出書房新社、二〇二四年〕

Gordon Childe Vere, *Man Makes Himself*, Londres, Watts and Co., 1936.〔『文明の起源〈改訂版〉』ねずまさし訳、岩波新書、一九五七年〕

Harris Marvin, *Cannibals and Kings: The Origins of Cultures*, New York, Random House, 1977.〔『ヒトはなぜヒトを食べたか――生態人類学から見た文化の起源』鈴木洋一訳、ハヤカワ文庫、二〇〇九年〕

Haraway Donna, *Manifeste des espèces compagnes. Chiens, humains et autres partenaires*, traduit par J. Hansen, préface de Vinciane

Despret, Paris, Climats, 2019.〔『伴侶種宣言——犬と人の「重要な他者性」』永野文香訳、以文社、二〇一三年〕

HAYDEN Dolores, *The Grand Domestic Revolution: A History of Feminist Designs for American Homes, Neighborhoods and Cities*, Cambridge (Mass.)/Londres, MIT Press, 1981.〔『家事大革命——アメリカの住宅、近隣、都市におけるフェミニスト・デザインの歴史』野口美智子訳、勁草書房、一九八五年〕

HEATHCOTE Edwin, *Meaning of Home*, Londres, Frances Lincoln, 2012.

IRACE Fulvio (éd.), *Storie d'interni. L'architettura dello spazio domestico moderno*, Bologne, Carocci, 2015.

JAQUE Andrés, *Superpowers of Scale*, New York, Columbia University Press, 2020.

KAPP Ernst, *Grundlinien einer Philosophie der Technik: Zur Entstehungsgeschichte der Kultur aus neuen Gesichtspunkten*, L. Scholz (éd.), Francfort-sur-le-Main, Meiner Verlag, 2015.

KEGLER Karl R., MINTA Anna et NAEHRIG Niklas (éd.), *RaumKleider. Verbindungen zwischen Architekturraum, Körper und Kleid*, Bielefeld, Transcript Verlag, 2018.

DE KERCKHOVE Derrick, *Les Nerfs de la culture. Être humain à l'heure des machines à penser*, traduit par J. Des Chênes, Québec, PUL, 1998.

KOOLHAAS Rem, *Elements of Architecture*, Cologne, Taschen, 2018.

LE CORBUSIER, *Le Modulor. Essai sur une mesure harmonique à l'échelle humaine applicable universellement à l'architecture et à la mécanique*, Paris, Éditions de l'Architecture d'Aujourd'hui, 1950.〔『モデュロールⅠ』吉阪隆正訳、鹿島出版会、一九七六年〕

LEONARDI Cesare et STAGI Franca, *L'Architettura degli alberi*, Milan, Lazy Dog, 2018.

LÉVI-STRAUSS Claude, *La Pensée sauvage*, Paris, Plon, 1962.〔『野生の思考』大橋保夫訳、みすず書房、一九七六年〕

MACINTYRE Alasdair, *Après la vertu. Étude de théorie morale*, traduit par Laurent Bury, Paris, PUF, 1997.〔『美徳なき時代〈新装版〉』篠崎榮訳、みすず書房、二〇二一年〕

MACK Arien (éd.), *Home. A Place in the World*, New York, New York University Press, 1993.

MALAMOUD Charles, *Cuire le monde. Rite et pensée dans l'Inde ancienne*, Paris, La Découverte, 1989.

MILLER LANE Barbara (éd.), *Housing and Dwelling. Perspective on Modern Domestic Architecture*, Londres/New York, Routledge, 2007.

MOLINARI Luca, *Le case che siamo*, Milan, Nottetempo, 2016.

MOORE Jerry, *The Prehistory of Home*, Berkeley, University of California Press, 2012.

MORINEAU Camille et PESAPANE Lucia (éd.), *Women House*, Paris, Manuella Éditions, 2017.

NEUTRA Richard, *Survival Through Design*, Oxford, Oxford University Press, 1969.

PEREC Georges, *Espèces d'espaces*, Paris, Galilée, 1974. 〔『さまざまな空間』塩塚秀一郎訳、水声社、二〇〇三年〕

RYBCZYNSKI Witold, *Home: A Short History of an Idea*, Londres, Penguin, 1990. 〔『心地よいわが家を求めて――住まいの文化史』マリ・クリスティーヌ訳、TBSブリタニカ、一九九七年〕

RYKWERT Joseph, *La Maison d'Adam au Paradis*, traduit par L. Lotringer, Marseille, Parenthèses, 2017. 〔『アダムの家――建築の原型とその展開』黒石いずみ訳、鹿島出版会、一九九五年

VON SCHILLER J. C. F., *Lettres sur l'éducation esthétique de l'homme*, traduit par R. Leroux, Paris, Aubier, 1992. 〔『人間の美的教育について〈改装版〉』小栗孝則訳、法政大学出版局、二〇一七年〕

SCOTT James C., *Homo Domesticus. Une histoire profonde des premiers États*, traduit par Marc Saint-Exupéry, Paris, La Découverte, 2019. 〔『反穀物の人類史――国家誕生のディープヒストリー』立木勝訳、みすず書房、二〇一九年〕

SHORTER Edward, *The Making of the Modern Family*, New York, Basic Books, 1975. 〔『近代家族の形成』田中俊宏・岩橋誠一・見崎恵子・作道潤訳、昭和堂、一九八七年〕

SIMANOWSKI Roberto, *Facebook-Gesellschaft*, Berlin, Matthes & Seitz, 2016.

SPARKE Penny, *The Modern Interior*, Londres, Reaktion Books, 2008.

STEEL Carolyn, *Hungry City: How Food Shapes Our Lives*, Londres, Random UK, 2015.

STEEL Carolyn, *Sitopia: How Food Can Save the World*, Londres, Chatto & Windus, 2020.

TAUT Bruno, *Ein Wohnhaus*, Stuttgart, Franckh'sche Verlagshandlung W Keller & Co, 1927. 〔『一住宅』斉藤理訳、中央公論美術出版社、二〇〇四年〕

TAYLOR Charles, *Les Sources du moi. La formation de l'identité moderne*, traduit par C. Melançon, Paris, Seuil, 1998.〔『自我の源泉——近代的アイデンティティの形成』下川潔・桜井徹・田中智彦訳，名古屋大学出版会，二〇一〇年〕

TEYSSOT Georges (éd.), *Il Progetto Domestico. La Casa Dell'uomo: Archetipi e Prototipi*, Milan, Electa, 1986.

VIDLER Anthony, *The Architectural Uncanny: Essays in the Modern Unhomely*, Cambridge (Mass.)/Londres, MIT Press, 1994.〔『不気味な建築』大島哲訳，鹿島出版会，一九九八年〕

VIDLER Anthony, *Warped Space: Art, Architecture, and Anxiety in Modern Culture*, Cambridge (Mass.)/Londres, MIT Press, 2002.〔『歪んだ建築空間——現代文化と不安の表象』中村敏男訳，青土社，二〇〇六年〕

VIDLER Anthony, *The Scenes of the Street and Other Essays*, New York, Monacelli Press, 2010.

VIOLLET-LE-DUC Eugène-Emmanuel, *Histoire d'une maison*, Paris, J. Hetzel, 1887.

訳者あとがき

本書は、Emanuele Coccia, *Philosophie de la maison: L'espace domestique et le bonheur*, traduit par Léo Texier, Paris, Rivages, 2021 の全訳である。原著であるイタリア語版は *Filosofia della casa: Lo spazio domestico e la felicità*, Torino, Einaudi, 2021 だが、著者自身がフランス語で著述でき、訳にもみずから目を通していることと、元のコラムや講演がフランス語であること、仏伊語版がほぼ同時に出版されていることからも、原著との異同や解釈不一致の類はほぼないと思われる。

エマヌエーレ・コッチャは一九七六年生まれ、イタリア出身の哲学者である。農業学校出身で、ラテン・アヴェロエス主義やジョルジョ・アガンベン、ブルーノ・ラトゥール、ダナ・ハラウェイなどからインスピレーションを受けつつ、現在まで多岐にわたる分野――とりわけ生態学、美学――にかかわる著作を世に問うてきた（くわしい略歴は『メタモルフォーゼの哲学』（勁草書房、二〇二二）の訳者あとがきを参照のこと）。最新の単著は『ヒエラルキー――天使たちの社会』（二〇二三）である。彼のテクストへの注目度は高く、すでに本書も続々と各国語訳されており、彼自身も国や地域を問わず飛び回り、講演活動を盛んに行なっている。

*

本書のテーマは「家」である。一般向けに書かれたテクストということもあり、各章はコンパクトで読みやすく書かれているが、その内容は幅広く、また独自の着想に導かれている。あとがきでも述べられるように、家の哲学として始まるものの、いつのまにか世界についての議論へと接続している。理論書のように問題提起に対して一直線に答えを求めるのではなく、寄り道をしていると気づかないうちに元いた所とは違う場所にいるようなテクストである。読者は、彼の残した「インクのしみ」とともに小旅行へと誘われる。

全体を俯瞰してみれば、本書でのコッチャの手法はおそらく現代の人類学とでもいうべきもので、それを虚心坦懐に自分の日常的経験に適用している点がユニークである。住み慣れた自分の家において、ふいに「他者たち」と出会い、変様しあうとき、コッチャは記述と分析を開始する。そこで、いかなる「他者たち」が描かれているのかに着目しながら、以下では各章の内容について素描したい。

都市の哲学を論じる、J＝F・リオタールの小編「場末（ゾーン）」を思わせる序文に続き、彼が1章から2章において戸口をまたぐのは、まだ見ぬ「未来の家」である。「内見」と「引っ越し」

は幸福の場でありうる家との出会いであり、さらにはそこに住んでいた「誰か」、いずれ住むであろう「わたし」、そして家を共有する別の生との出会いである。それはたんに住む空間を選ぶことのみならず、家のなかの細々とした日用品を介して家をつくることを意味する。

3章と9章ではトイレや浴室、寝室の独自の機能を通して、家の「間取り」について論じられる。部屋は、その性質によって身体や所作を限定するが、さらに精神を規定するものでもある。たとえば浴室は、その機能上、他の部屋から隔離されていなければならないが、その結果として性的な身体を閉じ込めてしまう。なお、ここでマルクスの「類的存在」への言及があるが、これは「類」と「社会的性＝性別」が、フランス語で同じgenreという語を用いることからくる。コッチャはこの二重性を介して、近代的思考は労働のみならず性をも問題にすべきだったと主張している。9章では、不安定な存在感をもつ廊下と対比されながら、かつて子供部屋であった寝室の安心感が強調される。寝室で与えられる眠りとはたんに休息を与える時間ではなく、覚醒状態を差し止め、別の覚醒状態へと繋ぎあわせる心理的な外科手術である。

4章から6章で、コッチャは家のなかの物と出会う。4章では、それは「家財道具」である。家は抽象的な面積や空間ではなく、物を介して住まうことのできる場所である。物は互いに、そしてわたしたちに対して力を行使しており、磁気的または電気的ともいいうるネットワークを構成する。この力の出どころはわたしたちの人格であり、身体的接触を介してわたしたちは物に人格を与えつづけている。家とは、精神を宿した物たちが活動するアニミズム的空間なのだ。5章では、キャビネットのなかの「衣服」と出会う。服は防寒や日よけなどの機能をもつ防護用品であるのみならず、わたしたちのアイデンティティそのものである。かつてのように身分によって着る服が限定されていないのであれば、それはブルデューのいう差別化（ディスタンクシオン）ではなく一種の自己表現であり、外へ着ていける家である。6章で出会うのは彼自身の「家族写真」である。この写真に写るのは彼とその一卵性双生児の兄弟であり、彼ら自身にもどちらがどちらか見分けがつかなかった。いわばこの写真は彼らにとって、ラカンのいう「鏡像」をずらしつづけるものであり、自分の隣の存在は、つねに「そうありえた自分」として世界の理解可能性を与える。同様に、あらゆる生きもの同士は、ただ一つの同じ生を介して「双子」である。

7章から8章は、家のなかから生まれるコミュニケーションが描かれる。7章で出会うのは「言葉」である。どの国にいても窓にブラインドをかけて書き言葉と向きあうコッチャは、言葉が観念を載せ、書き手と読み手の思考を混ぜあわせる、麻薬的な媒体であることに気づく。8章では「ソーシャルネットワーク」が扱われるが、それは集合住宅をモデルとした新しい家である。そこでは虚構と現実との境界があいまいになり、登場人物でありまた著者でもあるような、新たなアイデンティティが生み出される。

10章から最終章は、人間とは異なる種や界の存在と出会うのだが、これまでのコッチャの著作で扱われたモチーフの変奏としても読むことができる。10章では、それは「動物」である。エピメテウスとプロメテウスの神話によれば、人間は他の動物のうちで最も弱く、武器をもたないがゆえに、物質と実在を操る技術を与えられ、他の動物たちを統べるようになり、それ以来、人類と他の動物たちとの関係とは闘争と分離でありつづけてきた。他方、家が与えるのは、他種との共生であり、種を越えうる愛である。11章では「植物」と出会う。著者は、植物をまとう現代的な建築「ボスコ・ヴェルティカーレ」に滞在した経験から、都市はつねに森を辺境の異邦と見なしてきたこと、反対に、家は植物によって、つまり庭や農地、観葉植物によって土地に根を張ることで存在しているということに気づく。最終章である12章は、そうした共生とは別の仕方での他種との混淆としての「食」が描かれる。台所は生と生の出会いの場であり、互いに自分を料理することによって他者へと変様する場である――余談だが、本章を訳しながら思い出したのは、去る日本講演の夜の会食時、コッチャが家庭料理についてしきりに尋ねながら、好き嫌いなく食べていた場面である。

結論部分は、全体部分の要約というよりは、本論からさらに思考を延長して、「石」と出会う。家は石材でできているし、家電、乗り物、携帯電話、パソコンも石なら、惑星もまた石の塊である。そう考えると前章までで論じてきた「生」との関係は、石とのアニミズム的な関係に転用されるかどうかが試されなければならない。

以上のように本書の議論の射程は広大だが、どの章でもこれまでの思考枠組みを外れるような新たな他者との出会いが描かれている。生を営む場である家は、通常そう捉えられるように、たんに「雨風を防ぐもの」「所有された空間」ではない。そうではなく、家とはさまざまな他者——家族、過去/未来の自分、動物、植物、石、道具、衣服、等々——と生を混ぜあわせながらメタモルフォーゼを繰り返す、幸福の実験場である。

他方、本書では家の不幸についての考察は限定的である。家父長制や、家庭内の身体的・精神的抑圧は、ときに言及されるに留まる。この観点からのコッチャの議論は、日本講演の翻訳「All We Need Is Love」（松葉類・樋口雄哉・宇佐美達朗訳『立命館大学人文科学研究所紀要』一三六号、二〇二三年、五—二六頁）を参考にされるとよいだろう。

コッチャの思想的遍歴に還元するなら、彼が本書で新たに提起する問題とは、生とそれを取り巻く物との相互関係である。これまで彼が論じてきた「ただ一つの同じ生」のメタモルフォーゼを可能にする媒体である物は、生との交わりにおいてのみ語られるのではなく、もはや生に対してある種の行為性（エージェンシー）を伴った主体としても描かれているように思われる。すでに彼は『植物の生の哲学』において惑星などの天体、『メタモルフォーゼの哲学』において原子、ウイルス、プレートについて論じたが、それを一挙にすべての物へ敷衍するのではなく、家財道具や人形、絵、パソコンなど個々の物へと適用している。コッチャはこのことの哲学的意義について、本書では明確に語っていないが、これまで以上にたとえば倫理や政治的観点から問題になってくるのは言うまでもない。いずれさらに論じられるべき問題である。

＊

さて、訳文全体についての補足をしておきたい。コッチャは言葉と思想の流れを意識して書いていると思われるため、とくに日常的な経験にかんする部分は、研究者向けに逐語的に訳すより、できるだけ開いて平易に読みくだせるように訳した。語彙にかんする説明や、文の対比などを読みやすくするための語句は文中〔〕に示した。本書で初めて彼の思想に触れた読者諸氏にも親しみをもって読んでいただければ幸いである。

最後になるが、温かさと不穏さの混淆する魅力的な絵を提供してくださったきたしまたくや氏、前作『メタモルフォーゼの哲学』に続いて適切な鉛筆を入れてくださった勁草書房の関戸詳子氏、丁寧な装丁を施してくださった大村麻紀子氏にも感謝したい。彼らの手によって、訳者の家のなかで生み出された訳文が増殖し、重なりあい、新たな色調を帯びたのは間違いない。

そして、わたしの家のなかを縦横に駆けまわり、多大なインスピレーションを与えてくれた、娘と息子にも。彼らの想像力が未来を切り拓いてゆけるように願っている。

新緑の眩しい季節に

松葉　類

著者略歴

エマヌエーレ・コッチャ（Emanuele Coccia）

1976年イタリア生まれ。フィレンツェ大学博士（中世哲学）。フランスの社会科学高等研究院（EHESS）准教授。フライブルク大学准教授を経て、2011年より現職。著書に *La trasparenza delle immagini. Averroè e l'averroismo*（Mondadori, Milan, 2005）, *La Vie sensible*（tr. de M. Rueff, Payot et Rivages, Paris, 2010）, *Le Bien dans les choses*（tr. de M. Rueff, Payot et Rivages, Paris, 2013）, *Hiérarchie. La société des anges*（tr. de Joël Gayraud, Paris, Rivages, 2023）など。邦訳書に、『植物の生の哲学：混合の形而上学』（勁草書房、2019年）、『メタモルフォーゼの哲学』（勁草書房、2022年）がある。

訳者略歴

松葉　類（まつば・るい）

1988年生まれ。京都大学文学研究科博士課程研究指導認定退学。博士（文学）。現在、上越教育大学助教授。専門はフランス現代思想、ユダヤ思想。著書に、『飢えた者たちのデモクラシー：レヴィナス政治哲学』（ナカニシヤ、2023年）。訳書にジャン＝フランソワ・リオタール『レヴィナスの論理』（法政大学出版局、2024年）、共訳書にフロランス・ビュルガ『猫たち』（2019年）、エマヌエーレ・コッチャ『メタモルフォーゼの哲学』（勁草書房、2022年）。

家の哲学
家空間と幸福

2024年 6 月24日　第1版第1刷発行
2024年 9 月20日　第1版第2刷発行

著　者　エマヌエーレ・コッチャ
訳　者　松葉　類（まつば　るい）
発行者　井村寿人

発行所　株式会社　勁草書房（けいそう）

112-0005 東京都文京区水道2-1-1　振替　00150-2-175253
（編集）電話 03-3815-5277／FAX 03-3814-6968
（営業）電話 03-3814-6861／FAX 03-3814-6854
平文社・松岳社

ISBN978-4-326-15488-3　　Printed in Japan

https://www.keisoshobo.co.jp